人口減少と公共施設の展望

「公共施設等総合管理計画」への対応

中山 徹 著

自治体研究社

はじめに

公共施設が大きく動いています。統合、廃止、建て替え、民営化等々です。日常的に使う公共施設の変化を見たのが**表0-1**です。公立保育所、公立幼稚園は10年間で20%以上、公民館は20%、小学校は11%減少しています。身近なところから次々と公共施設が消えています。

公共施設は市民生活に大きく関わっています。しかし、市民的に十分議論していないケースも見られ、さまざまな反対意見が市民から出されています。しかも「一部の人が反対しているだけ」と片付けられないような、大きな動きに発展しています。その一つは住民投票です。行政や議会が必ずしも住民の意見を反映していないと判断した市民は、住民投票で公共施設について是非を問いだしています。愛知県小松市はTSUTAYAが運営する市立図書館計画を発表しました。それに対して市民は異議を唱え、市は市民の声に押され2015年10月、新図書館建設の賛否を問う住民投票を実施しました。その結果、投票率が50.38%で住民投票が成立。反対が3万2352票（56.4%）、賛成が2万4981票（43.6%）という結果で、市の提案に反対する意見が多数とな

表0-1　公共施設数の変化

	2005年	2015年	割合 (%)
公立保育所	11,752	9,091	77
公立幼稚園	5,546	4,321	78
公立小学校	22,856	20,302	89
公民館	17,143	13,777	80

出所：厚生労働省「社会福祉施設等調査」、文部科学省「学校基本調査」、文部科学省「社会教育調査」より作成。

りました。

　もう一つは公共施設の統廃合が市長選挙の争点になったケースです。大阪府阪南市は、4か所の公立幼稚園と3か所の公立保育所を1か所の認定子ども園に統合する計画を発表しました。新たにできる認定子ども園の定員は631人、幹線道路沿いに建つ大手家電量販店の旧店舗を改修して利用するという計画でした。「今だと保育所まで自転車で行けるが、新たな計画では自動車でないと送迎が困難」「規模が大きく子どもに目が行き届かないのではないか」「家電量販店の建物でいい保育環境になるのか」などの意見が保護者から多数出されました。ちょうど2016年10月に市長選挙があり、この計画が市長選挙の最大の争点となりました。市長選挙の投票率は前回選挙より10％上回り51％。3選を目指した現職の得票率は29.8％、認定こども園計画の白紙撤回を掲げた新人候補が圧勝するという結果に終わりました。

　いままでも公共施設についてはさまざまな意見が出されていました。しかしこの間の変化は、それが一部の関心や市政の部分的な課題にとどまらず、市政全体に影響を与えるような形に発展しています。もちろんこれは、公共施設を巡る計画が内容、規模的にも深刻になり、市民生活全体に大きな影響を及ぼそうとしていることの裏返しです。

　そのような状況を踏まえ、本書では公共施設のあり方を考えました。1章では、急速に進もうとしている公共施設の統廃合や民営化が、単に施設の老朽化や自治体の財政難によるのではなく、もっと大きな国土、地域の再編の中で位置づけられていることをみています。2章では、個々の公共施設の統廃合は、自治体が作成している公共施設等総合管理計画との関係で進んでいますが、その計画の概要を説明しています。3章では、自治体が作成している公共施設等総合管理計画のどこを中心に読めばその計画の本質が理解できるのか、その問題はどこにあるのかを述べました。4章では、人口が減る時代、公共施設をど

うすればいいのかを考えました。特に、利用者が減るから公共施設を統廃合する、老朽化したから建て替える、民間の方が市民ニーズに敏感だから任せるというような意見をどう評価すべきなのか、それに対して公共施設をどのように整備し，運営すべきかを考えています。

注

1　阪南市「保護者説明会資料」2016 年 1 月。

人口減少と公共施設の展望 [目次]

はじめに　*3*

1章　新自由主義による国土と地域の再編 $\cdots\cdots\cdots\cdots\cdots\cdots$ *9*

1　高度経済成長期に取り組まれた国土と地域の再編　*9*

2　新たに始まった国土と地域の再編　*12*

3　国土の再編　*15*

　　──首都圏における国際競争力の強化

4　大都市の再編　*20*

　　──地域包括ケアによるコミュニティの再編

5　地方都市の再編　*23*

　　──人口減少を想定したコンパクトと連携

6　中山間地域の再編　*27*

　　──過疎化を前提とした選択と集中

7　全国的に進む公共施設の統廃合　*29*

8　地方創生とは何か　*31*

2章　公共施設等総合管理計画の内容 $\cdots\cdots\cdots\cdots\cdots\cdots$ *35*

1　公共施設等総合管理計画の背景　*35*

2　公共施設等総合管理計画の概要　*38*

3章　公共施設等総合管理計画で示された
削減目標の問題点 $\cdots\cdots\cdots\cdots\cdots\cdots\cdots\cdots\cdots\cdots$ *43*

1　公共施設等総合管理計画の2タイプ　*43*

2　削減型自治体の特徴　*45*

3　削減目標の問題点　　*49*

　　4　長寿命型自治体の特徴　　*55*

4章　公共施設のあり方を考える……………………………………　*59*
　　　　──公共施設を考える三つの視点

　　1　公共施設の長寿命化が基本　　*59*

　　2　公共施設と生活圏との関係　　*66*
　　　　──「利用者の減少→統廃合」はなぜ誤りなのか

　　3　公共施設の歴史的意味　　*81*
　　　　──「老朽化→建て替え」はなぜ誤りなのか

　　4　公共施設を誰が、どのように運営すべきか　　*86*
　　　　──「市民ニーズに応える→民間活力導入」はなぜ誤りなのか

あとがき　　*97*

1章 新自由主義による国土と地域の再編

　アベノミクスの名の下に、新自由主義的な改革が強力に進められています。その対象はさまざまな分野に及んでいますが、地方創生以降、国土と地域の新自由主義的な再編が重視されています。本章ではその全体像とそれに関連する個々の政策を見ます。そして公共施設の統廃合などが、この再編の中で動いていることを説明します。

1 高度経済成長期に取り組まれた国土と地域の再編

高度経済成長を支えた再編

　1950年代から1970年代にかけて日本は高度経済成長を実現させました。その原動力の一つに国土と地域の再編がありました。当時の日本ではインフラ整備を大都市圏に集中させ、大規模な都市開発を行い、戦前の都市構造を生産性の高い現代的な都市構造に造りかえました。また、都心部では戦前の低層建築物を高層建築物に造り替える再開発が進められました。さらに、安価な労働力として地方から大量の人々を都市部に移住させるため、住宅地開発に関する諸制度を整えました。そして、安い原材料を海外から輸入し、大量生産を行うため、コンビナートや工業団地の整備も進めました。

　このような国土、都市、地域の再編が高度経済成長を支えました。国土と地域の再編は1950年代後半から取り組まれました。それらには二つの大きな目的がありました。一つは、日本の経済成長を保障する国土と地域をつくるということ。もう一つは、それがもたらす矛盾

を緩和し、保守政治の支持基盤を育成することです。

　当時は人口や産業が都市部に集中し、それが日本の高度経済成長を支えましたが、地方では深刻な過疎が生じました。都市部では新たに誕生した市民が革新政党の支持者となり、保守政党の得票率が大きく減りました。地方では保守政党がかなりの支持を得ていましたが、過疎が深刻化すると、地方でも保守政党の地盤が崩れかねません。政府が国土計画に沿って補助金のメニューをつくり、地方の政治家や有力者が補助金を確保し、それを原資として雇用を確保し、政治基盤の維持が図られました。

小泉内閣の国土形成計画

　21 世紀に入ると、国土総合開発計画から国土形成計画に変わりましたが、これは単なる名前の変化ではなく、国土計画の趣旨が変化したことを意味します。

　変化をもたらした一つ目の理由は財政悪化です。1990 年代、景気対策を名目に公共事業予算が拡大され、財政が一気に悪化しました。そのため、多額の公共事業費を確保したくても、財政的制約から不可能になりました。もう一つは、本格的な国際化の進展です。1985 年のプラザ合意以降、急速な円高が起こり、工場の海外移転が進みました。移転先は、アメリカやヨーロッパなどの現地生産と、日本の地方よりも安価な労働力が期待できる中国や東南アジアです。その結果、それまで安価な労働力を都市部に供給していた地方の役割が低下しました。

　それに加え、小泉内閣の登場で「都市＝革新、地方＝保守」という図式が崩れ、都市部でも保守政党が一定の支持を得られるようになりました。さらに小選挙区制の導入によって、少ない支持率でも多くの議席を得ることができるようになりました。

日本経済において地方の役割が低下したこと、公共事業予算を通じた政治誘導が困難になったこと、地方を維持する政治的目的が低下したこと。これらの要因により、国土計画を通じて地方に資金を投入する理由が大きく減少しました。

国土形成計画の失敗

小泉構造改革では、地方向け公共事業費の削減、市町村合併を強行し、それまで地方で使っていた公的資金を引き上げました。そして本格的な国際化時代に向けて首都圏を改造するため、首都圏の大規模なインフラ整備に限られた財源を充当しました。さらに、各種の規制緩和も進めたため、東京一極集中が引き起こされました。

一方、新たに策定された国土形成計画では、政府がどのような国土をめざすかは示さず、広域ブロック（東北、首都、北陸等の8区域）ごとに、地方計画を作るようにしました。そのため、以前のような国土計画に沿った補助金も用意されず、政府主導の国土計画は消滅したといえます。

構造改革の名の下に東京一極集中を進めた一方で、国土形成計画で位置づけられた広域ブロックは機能せず、単純に地方が切り捨てられたといえます。先に見たように20世紀の国土計画には矛盾の緩和という側面もありましたが、国土形成計画にはそのような視点はありませんでした。もちろん財政危機を引き起こすような公共事業費の維持が望ましいとはいえませんし、公共事業予算を通じた政権基盤の維持も望ましくありません。しかし、その削減と並行して地域経済の活性化、雇用の拡大を図らなければ、地方経済は崩壊します。

実際、崩壊に直面した地方は構造改革に反対しました。いわゆる地方の反乱です。2005年9月の衆議院選挙（郵政解散）を除き自民党は都市部では多数をとれていませんでしたが、地方で多数の議席を確

保して政権を維持してきました。ところが 2009 年の衆議院選挙では、
岩手、秋田、福島、埼玉、山梨、新潟、長野、静岡、滋賀、長崎、大
分、沖縄、12 県の小選挙区をすべて落としました。この結果、民主
党の 308 議席に対して、自民党は 140 議席と歴史的な敗退となり、構
造改革はいったん頓挫しました。

2 新たに始まった国土と地域の再編

再編の背景

　2012 年 12 月に第 2 次安倍政権が誕生しました。小泉政権誕生から
10 年以上がたっています。国土という点からみて、その間に大きく
変化したことがあります。
　一つは人口減少です。小泉構造改革の時も長期的には人口が減少す
るとしていましたが、本格的な人口減少が始まったのは 2009 年から
です。2008 年の人口は 1 億 2808 万人、それが次の 1 年間で 5 万 2000
人の人口減少を記録しました。その後も人口は減り続け、2015 年の
人口は 1 億 2711 万人、7 年間で約 100 万人の人口減少です。これだ
けの人口減少は、日本で人口統計を取り出してはじめてです。国立社
会保障・人口問題研究所の将来人口予測によりますと、少子化が改善
されない場合、2040 年から 2075 年の間は年間 100 万人を超える人口
が減ります。その結果、2048 年には 9913 万で 1 億人を割り込み、そ
の後も人口は減り続け、2110 年には 4286 万人まで人口が減ってしま
います。これは 1898 年（明治 31 年）の人口（4288 万人）とほぼ同
じです（図 1 − 1）。100 年後には 100 年前の人口に戻る計算です。第
2 次安倍内閣誕生後、先進国第 1 位という極端な人口減少が実際に始
まったといえます。
　もう一つは高齢化です。小泉内閣がスタートした 2001 年の高齢化

1章　新自由主義による国土と地域の再編　　13

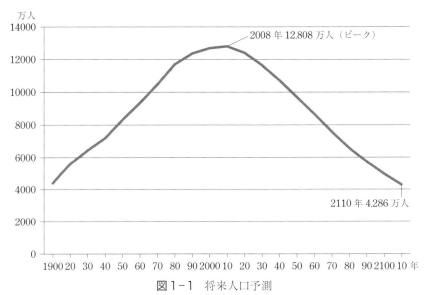

図1-1　将来人口予測
資料：国立社会保障・人口問題研究所「将来推計人口」より作成。

率は17.9％です。同じ年の他国の高齢化率は、イタリア18.3％、スウェーデン17.2％、ドイツ16.7％、フランス16.1％、イギリス15.6％（1999年の値）、アメリカ12.4％（2002年の値）であり、日本の高齢化率は高いものの、先進国で1番ではありませんでした。第2次安倍内閣がスタートした2012年の高齢化率は24.1％です。同じ年の他国の高齢化率を見るとドイツ20.6％、イタリア20.3％（2010年の値）、スウェーデン19.0％、フランス17.5％、イギリス17.0％、アメリカ13.7％で、日本の高齢化率は先進国で1位、しかも極めて高くなっています。国立社会保障・人口問題研究所の将来人口予測によると、日本の高齢化率は上がり続け、2024年に30.1％、2038年に35.0％、2061年に40.0％になり、その後も40％台で推移します（図1-2）。他の先進国でも高齢化は進むものの、イタリア35.1％、ドイツ32.3％、

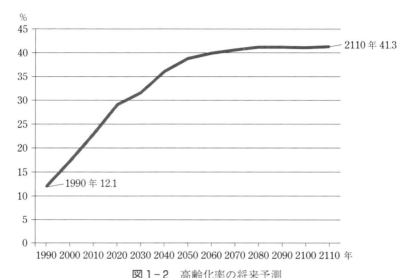

図1−2 高齢化率の将来予測
資料：国立社会保障・人口問題研究所「将来推計人口」より作成。

フランス26.3％、イギリス24.7％、スウェーデン23.8％、アメリカ22.2％（すべて2050年の予測値）で、イタリア、ドイツを除くと今の日本より低い値です。出生率の回復が進まず、第2次安倍内閣誕生頃に、高齢化率がついに先進国第1位になっています。

なぜ再編が不可避なのか

　日本では人口が減少し、高齢化が急速に進んでいますが、世界的に見ると人口は急増します。現在、世界の人口は73億5000万人、2050年には97億2000万人まで増加するとされています。国際的には若い人が多く、消費も旺盛で、日本の1960年と同じような状況になりますが、日本では人口が大幅に減少し、高齢化も進みます。しかも、高度経済成長期とは比較にならないほど国際化が進んでおり、そのよう

な状況下で政府は国際競争に勝たなければならないと考えています。

　そのため、政府は雇用の規制緩和、社会保障の改革、行財政改革などさまざまな構造改革を進めていますが、その大きな一つが国土と地域の再編です。人口が増え続けるアジア諸国に勝つため、首都圏と国土の改造を進めようとしています。全国的に人口が減っても国際競争に勝ち残れるような首都圏を造るという視点から、国土と首都圏の改造を進めようとしています。

　高度経済成長期も地方の深刻な人口減が生じましたが、それに対しては先に書いたように、公共事業費等の再配分を通じて矛盾を緩和しました。しかし今回は財政的制約からそのような再配分ができません。矛盾を放置したのが小泉構造改革でしたが、それでは地方の反乱を招いてしまいます。そこでアベノミクスでは国費の負担を少なくし、地方の再編を通じて、矛盾を緩和しようとしています。

　それらの結果、アベノミクスによる再編は全国に及んでいます。アベノミクスの下で公共施設をはじめ、国土と地域に関するさまざまな施策が展開されていますが、それらの根本はここにあり、アベノミクスの不可欠な構成部分となっています。その具体的な内容を以下でみます。

3　国土の再編
──首都圏における国際競争力の強化

東京への集積度合いを高める

　東京都で人口が減った最後の年は 1995 年で、その時の人口は 1177 万人、全国比は 9.4％です。1996 年以降、ただひたすら人口は増え続け、2016 年 10 月で 1363 万人になっています。全国の人口が 1 億 2693 万人のため、全国比は 10.7％です。20 年間で 186 万人増え、比率も 1.3％

増えています。ちなみに人口が一番少ない県は鳥取県で57万人ですから、20年間で鳥取県の3倍以上の人口が増えたことになります。

このような東京一極集中が社会的な問題とされ、普通に考えると国土を再編する場合、この一極集中をどうするのかということが最大のテーマになるはずです。ところが、国土と地域の再編の一つめは、首都圏の国際競争力強化です。そのために策定されたのが「国土のグランドデザイン2050」（2014年）、「国土形成計画」（2015年）です。まずその内容を見ます。

国土形成計画で「国土づくりの目標」として書かれているのは、「人口減少下においても『経済成長を続ける活力ある国』」を作ることです。その上で東京について二つの位置づけを行っています。一つは東京一極集中の是正です。その一方で「他方、世界有数の国際都市であり、我が国の経済成長のエンジンとなる東京は（中略）『グローバルに羽ばたく国土』を形成する上での重要な役割を担う」としています。

矛盾する二つの位置づけですが、結局は「国際的な都市間競争に打ち勝つ世界のモデルとなる東京圏の形成」が国土再編の中心といえます。

また、安倍政権は規制緩和を行うことで「産業の国際競争力の強化及び国際的な経済活動の拠点の形成」を進めるため国家戦略特区を始めました。国家戦略特区には10区域指定されていますが、そのうち愛知県、新潟市、養父市、仙北市は主として農業に関する特区、広島県・愛媛県今治市は主として人材確保に関する特区、福岡市・北九州市、仙台市は主として医療法、児童福祉法、人材確保に関する特区、沖縄県は観光に関する特区、関西圏は先端医療、児童福祉法、旅館業法等に関する特区です。それに対して、東京圏は都市計画法に関する特区が13事業、都市再生に関する特区が4事業も指定されており、これらはすべて規制緩和を活用した大規模開発事業です。結局、国家

1章　新自由主義による国土と地域の再編　　*17*

戦略特区に示された「国際的な経済活動の拠点の形成」は東京を中心に具体化されていると見ていいでしょう。

　アベノミクスによる首都圏を中心としたインフラ整備、規制緩和は明快です。全国的に人口が減っても、東京での集積はできるだけ減らさず、それを基盤とした国際競争力強化に国土と地域の再編の重点があります。

スーパーメガリージョン構想

　東京は日本最大の都市です。しかしアジアには東京以上の大都市があります。2000万人を超える都市としては、カラチ市、上海市、北京市があり、1000万人を超える都市は東京以外に、デリー市、マニラ市、広州市、ムンバイ市、ソウル市の5市あります（表1-1）。東京都だけでなく都市圏で見ますと首都圏（東京、埼玉、千葉、神奈川）はアジア最大、世界最大の都市圏です。しかし人口だけで見ると世界最大でなくなるのは時間の問題でしょう。また、上海都市圏は今のところ上海市のみで形成されていますが、150km圏に人口901万人の杭州市、200km圏に人口823万人の南京市があります。これら3市は高速鉄道ですでに結ばれており、今後一体的な都市圏に発展する可能性があります。

　アジアの大都市はますます巨大化しますが、日本では人口が減少します。もちろん全国的には人口が減るものの首都圏ではできるだけ人口を維持するというのが政府の考えです。たとえそのようになったとしても人口規模という点では、いずれ首都圏もアジアの中で圧倒的な優位性を保てなくなるでしょう。

　そのような中、「国土のグランドデザイン2050」では「国際社会での日本の存在感を維持していくためにも、大都市の国際競争力強化が課題である」とし、スーパー・メガリージョンという考えが示されま

表1-1 アジアの大都市（万人）

	都市	人口（年）	都市圏人口（2014年）
1	カラチ	2,430（2016）	2,212
2	上海	2,415（2015）	2,341
3	北京	2,170（2015）	2,100
4	デリー	1,868（2016）	2,499
5	マニラ	1,652（2010）	2,412
6	東京	1,363（2016）	3,784
7	広州	1,308（2014）	2,063
8	ムンバイ	1,244（2011）	1,771
9	ソウル	1,000（2014）	2,348
10	ジャカルタ	998（2013）	3,053

出所：著者作成。
注：都市圏人口はDemographia World Urban Areas, 2016年4月。

した。今は別々の都市圏である東京、名古屋、大阪をリニア中央新幹
線で繋ぎ、三大都市圏を一つの都市圏にするという考えです。確かに
リニアが通りますと東京－大阪が鉄道を使って一時間で結ばれます。
時間だけで考えますと通勤圏になり、一つの大都市圏と位置づけられ
ます。現時点での三大都市圏の合計人口は6476万人（2016年）です。
スーパー・メガリージョンが実現しますと、他を圧倒する世界最大の
都市圏が誕生し、量的な意味での国際競争力は高まるかもしれません。
リニアを整備する目的の一つは、リニアによって東京－名古屋－大阪
を一つの都市圏に造り替えるためです。

国土における東京の位置づけ

　国土形成計画では、コンパクトとネットワーク、対流をキーワード
にしています。それとの関係で東京がどのように位置づけられている
のでしょうか。国土形成計画では、「重層的なコンパクトとネットワー

ク」を築くとしています。普通、コンパクトとネットワークと聞くと、人口減少が著しい地方の話だと思いがちです。しかし政府は、コンパクトとネットワークを重層的に築こうとしています。つまり、国土全体のコンパクトとネットワーク、都市圏におけるコンパクトとネットワーク、生活圏におけるコンパクトとネットワークなどです。そして最初の国土全体のコンパクトとネットワークが、東京に集積させるということです。国土形成計画では次のように書かれています。「東京を中心とする『コンパクト＋ネットワーク』は、我が国経済をけん引する産業の集積と海外市場とつながるネットワークや、ヒト、モノ、カネ、情報が世界中から集まる場の形成等を実現する」。

　また、国土形成計画では「対流」という考えを重視しています。対流とは、「多様な個性を持つさまざまな地域が相互に連携して生じる地域間のヒト、モノ、カネ、情報の双方向の活発な流れ」のことで、全国各地でこのような対流が起こるような国土を「対流促進型国土」と呼んでいます。都市と地方の対流、都市間の対流、国内と海外の対流等さまざまな対流が想定されていますが、最も大きな対流は「世界有数の国際業務拠点としての東京圏と海外との対流である。国際的なヒト、モノ、カネ、情報の対流を促進することにより、世界の中での東京圏の存在感をさらに増す」としています。また「リニア中央新幹線の開業を見据え、三大都市圏がそれぞれの持つ個性をさらに際立たせ、一体化することによりイノベーションを起こす世界最大のメガリージョン（スーパー・メガリージョン）の形成等に向けた対流」も想定しています。コンパクト、対流の中心に座るのが東京だと考えていいでしょう。

なぜ東京一極集中を進めるのか
　政府は日本の国際競争力を強化するため東京一極集中を強めようと

20

しているわけですが、その考え方を整理しておきます。アベノミクスは経済を成長させるために、まず最初に国際的な大企業が利益を上げるべきと考えています。そうすればその利益の幾ばくかが中小企業に回り、さらに勤労者にもしたたり落ちてくるといいます。いわゆる「富める者が富めば、貧しい者にも富が滴り落ちる」というトリクルダウン理論です。

　国土でも同じように考えています。国際的な競争に勝ち残るためにはまず、国際都市東京が都市間競争に勝たなければならない。それが実現すれば、他の大都市、地方都市、そして農山村にも利益が波及する。だからまず東京に投資を集中させようというのです。

　アベノミクスで進めようとしている国土の再編は、全国的には人口が減るものの、首都圏はむしろ集積度合いを高め、国際競争力を強化する。将来的にはスーパーメガリージョンを形成し、国際競争力強化に努める、このように考えていいでしょう。

4　大都市の再編
──地域包括ケアによるコミュニティの再編

高齢化社会を互助で乗り切るための社会保障の再編

　大都市で重視されているのは、コミュニティレベルの再編です。先に見たように今後は急速に高齢化率が上昇します。特に高齢化率が急上昇するのは大都市圏です。2010年と2040年を比較すると、65歳以上高齢者は全国で31％の増加です。都道府県別に見ると、50％以上増加する県は3都県（沖縄、神奈川、東京）、40％以上増加する県は4県（埼玉、愛知、滋賀、千葉）で、沖縄県を除くとすべて大都市圏です。同じ期間に75歳以上高齢者は全国で56％増加しますが、100％以上増加するのが2県（埼玉、神奈川）、80％以上増加するのが

3県（沖縄、愛知、千葉）であり、これも沖縄を除くとすべて大都市圏です。

　2000年に介護保険が導入されましたが、その時の高齢化率は17.4％、後期高齢者は7.1％、それが2040年には各々36.1％と20.7％まで上がるとされています。特に大都市圏では後期高齢者が急増します。後期高齢者は介護や医療を使う頻度が高く、今の医療・介護制度を維持すると、それらにかかる公費負担も急増します。今後、限られた財源を首都圏でのインフラ整備や国際競争力強化に充てるためには、公費負担の急増を避けなければなりません。

　2012年の三党合意で、消費税率を値上げして社会保障の財源に充当すると決めましたが、それだけですと税率が急上昇します。そこで、医療・介護の抜本的改革が進められています。医療については病床の機能分化、国民健康保険の広域化などが進められ、介護では要支援の切り離し、特別養護老人ホームの利用者限定などが進められています。このような形で病院、介護保険を使える人を限定することで、公費負担を減らす計画ですが、それらの高齢者は介護保険を利用できなくなっても介護が必要なことは変わりありません。そこでそれら高齢者介護の新たな受け皿が必要となり、検討されているのが地域包括ケアです。政府は団塊の世代が後期高齢者になるまで（2025年）に、大都市部では地域包括ケアを実現させるとしています。

互助の受け皿としてのコミュニティ再編

　地域包括ケアでは生活支援が重視されています（図1－3）。この生活支援とは、調理、買い物、洗濯、見守り、安否確認、外出支援などで、かなりの部分は現在の介護保険で担われている内容です。そしてこの生活支援を提供するのは、介護保険ではなく、住民組織（NPO、町内会、社会福祉協議会、老人会等）や商店、交通機関、コンビニ、

図1-3　地域包括ケアのイメージ
出所：厚生労働省ホームページから転載。

金融機関などの民間事業者としています。

　いま検討されているのは、病院や施設に入れない高齢者の受け皿作りであり、その主体は市民ボランティアなどの「互助」です。高齢者が地域で暮らし続けられるようにすることは望ましいことです。しかし、公的責任で提供されているサービスを縮小するために地域包括ケアが提唱されているのであれば大きな問題です。

　町内会をはじめ地域のコミュニティ組織は組織率が低下するなど弱まっており、今のままでは互助の組織にはなり得ません。そこで先に見たように、既存の町内会や社会福祉協議会、老人会、婦人会以外に、NPO、企業なども含めてコミュニティ組織を再編する動きが全国で生じています。

　首都圏では先に見たような国際競争力強化が重要ですが、その一方で大都市部では急速な高齢化が進みます。そのため地域包括ケアとい

う名の下に、互助の受け皿作りを進め、高齢化が進んでも公費負担が
増えない保障を築くのが、大都市部で進める再編の目的です。

5 地方都市の再編
——人口減少を想定したコンパクトと連携

地方では大幅な人口減少が前提

　2015年度、すべての都道府県が人口ビジョンを策定しました。その中で最も人口が減ると想定したのは秋田県です。国立社会保障・人口問題研究所の予測では、出生率が回復しなければ50年後は今の43％まで人口が減ります。それに対して秋田県人口ビジョンでは出生率を回復させ、今の56％をめざすとしました。いずれにせよ50年後は今の半分程度になるという計画を地元自治体が自ら発表しています。都道府県人口ビジョンで今の人口の70％以下になる見通しを設定した県は秋田県以外に6県、山口県69.6％、鹿児島県67.8％、山形県67.6％、岩手県66.5％、鳥取県65.6％、青森県62.5％です。

コンパクトシティ

　全国的に人口が減少するにもかかわらず、首都圏をはじめとした大都市圏で一定の人口を維持すると、先にみたように地方での大幅な人口減少は避けられません。そのためこのまま放置すると多くの地方が崩壊に直面します。もしそうなると再び地方の反乱が起こりかねません。そこで人口が減少しても地域が存続できる方向性が示されました。それがコンパクトと連携です（図1-4）。

　人口が増えるときは市街地を拡張しましたが、今後は人口が減るため、それに対応して市街地を縮めるという考えがコンパクトです。普通に考えると人口が減るとそれに伴って財政支出も減り、財政的には

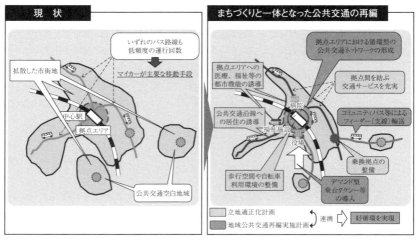

図1-4 コンパクトとネットワークのイメージ
出所：国土交通省「人とまち、未来をつなぐネットワーク」より転載。

地域が維持できます。しかし人口減少がどの程度、財政支出の削減に繋がるかは、その減り方によります。市街地の広がりはあまり変わらず、人口密度が減るような形ですと、財政支出の減少率は、人口の減少率ほど下がりません。人口減少を効率的に財政支出の減少に繋げるためには、人口減少に伴い市街地の縮小を進める必要があります。

人口が減少すると税収も減ります。そのため、減少した税収で地域を維持できるようにするのがコンパクトで、2014年に都市再生特別措置法が改正され立地適正化計画として制度化されました。最初に立地適正化計画を策定したのは大阪府箕面市（2016年2月）、その後、熊本市、岩手県花巻市、札幌市が策定しています。国土交通省によりますと、2016年8月1日時点で立地適正化計画について具体的な取り組みを進めている市町村は289、そのうち2016年度中に立地適正化計画を策定しようとしている自治体は115です。

1章　新自由主義による国土と地域の再編　　*25*

　このコンパクトとセットになるのがネットワークです。駅周辺など
に都市機能をコンパクトに集中させ、縮小した周辺の市街地とは公共
交通で結びます。このようなネットワークを形成するための制度が地
域公共交通網形成計画です。これは6節で見る中山間地域のネット
ワーク形成にも活用されています。

　後で見ますが、今のところ立地適正化計画が持つ開発誘導に期待し
た大都市部の自治体が先行していますが、コンパクトの主眼は地方都
市にあります。

連携

　コンパクトは人口減少に伴った主としてハード面の整備で、主とし
てソフト面に焦点を当てたのが連携です。今後は人口減少が避けられ
ません。人口が減少しても今と同じような公共サービスを提供し続け
ようとすると、市民一人あたりの負担は増えます。そのため人口が減
り、歳入が減るような時代では、個々の市町村がばらばらに行政サー
ビスを提供するのではなく、周辺市町村は、中心市が提供する行政サー
ビスを使わしてもらったどうかとしています。たとえば、各種の文化
施設を当該市の市民と同じ条件で利用できるようにする、将来的には
周辺市の市民は中心市の介護保険を使うようにするなどです。市町村
合併ではなく、基礎自治体としての市町村を残しながら、行政サービ
スなどで連携するという考えです。

　これは公的なサービスにとどまりません。民間の商業施設などが立
地し続けるためには、それらの商業施設を支える消費者が必要です。
都市の人口が減りますと、消費も減少し、商業施設の撤退が生じます。
全国各地で生じている百貨店、スーパなどでの閉鎖撤退です。それに
対して交通手段などを整備すれば、今までその商業施設の商圏に入っ
てなかった地域を商圏に組み込むことができます。つまり交通手段な

どの整備で都市を連携させることができれば、個々の都市では人口が減少しても、都市圏としては一定の人口が保て、都市的な施設を存続させることができるという考えです。

連携中枢都市圏と定住自立圏

　今のところ政府が進める連携には、連携中枢都市圏、定住自立圏、県と市町村の連携の三つあります。その中心は2014年度からスタートした連携中枢都市圏です。連携中枢都市圏の中心市になる条件は、指定都市もしくは中核市（原則として三大都市圏内を除く）かつ昼夜間人口比率が1以上です。全国61市が該当するとされており、おおよそ県庁所在市プラス一か所程度になります。中心市に求められるのは、圏域全体を対象とした経済成長策の実施、圏域全体の市民が利用できる都市施設の集積維持、圏域全体の市民を対象とした公共サービスの提供です。

　連携中枢都市圏の進め方ですが、まず中心市の条件を持たす市が連携中枢都市宣言を行います。次に、中心市と周辺市町村が連携協約を締結し、その上で連携中枢都市圏ビジョンを作成します。2016年5月時点で、15の都市圏で連携中枢都市圏ビジョンを策定しています。

　定住自立圏は連携中枢都市圏より小規模市町村の連携です。中心市は5万人以上で、それ以外の仕組みはほぼ同じです。連携する目的は、人口が減少する中で圏域全体として必要な生活機能を維持することで、具体的には行政サービスの確保、経済対策の協力、人事交流などです。2016年10月時点で130市が中心市宣言を行っており、104圏域でビジョンが作成されています。

　最後は都道府県と市町村の連携です。地理的な要因などで、連携中枢都市圏、定住自立圏の双方に加われない市町村が存在します。そのような市町村は、都道府県と連携し、必要な生活機能を維持するとし

ています。たとえば、市町村で人口が減少し、財政的に厳しくなると、介護保険や義務教育などを県が担当するということです。

　アベノミクスでは地方都市の大幅な人口減少が避けられません。そこでコンパクトと連携を進めることで、大幅に人口が減少しても、生活が維持できるような地方に再編しようとしています。

6　中山間地域の再編
——過疎化を前提とした選択と集中

小さな拠点

　農山村の過疎化はもっとひどくなります。現在人が居住している地域のうち、2050年までに無人化するのが19％、50％以上人口減少するのが44％、人口が増加するのは2％とされています。これを人口規模別にみますと、全国平均で人口減少率は24％、それに対して人口が1万人未満の町村は人口減少率48％、5万人未満1万人以上の市町村は減少率37％、人口30万人未満5万人以上の市は減少率21％、政令指定都市は減少率15％であり、人口規模の小さい市町村ほど人口減少率が高くなっています。

　大都市郊外にも人口規模の小さな自治体は存在しますが、人口規模の小さい自治体の多くは中山間地域にあります。このまま人口が減少しますと、中山間地域は極めて深刻な事態になります。

　ただし、中山間地域にあるすべての集落を対象にした施策を展開できるほど財政的な余裕はありません。そこで政府は以下のように考えています。まず、日常生活という面から関連の深い複数の集落を「集落生活圏」とします。そしてその中の基幹的な集落（「基幹集落」）に生活・福祉サービスに係わる機能を集中させます。これが小さな拠点です。その上で、基幹集落と周辺集落を交通ネットワークで結び、集

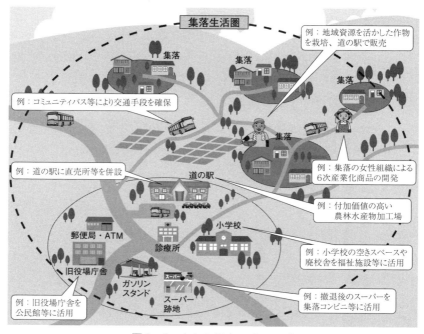

図1-5　小さな拠点のイメージ
出所：まち・ひと・しごと創生本部のホームページより転載。

落生活圏全体を維持しようとしています（図1-5）。

　小さな拠点に集約する施設は、学校、公民館、郵便局などの公共・公益施設、そして多世代交流・多機能型福祉拠点、さらにガソリンスタンドや直売所などを想定しています。また交通手段としては、従来の公共交通に加え、デマンド交通、福祉有償輸送等も考えられています。

地域運営組織

　コミュニティの再編は大都市だけの問題ではありません。地方、特

に中山間地域では人口減少と共に企業の撤退、行政サービスの縮小が生じています。このような状況を補うものとしてコミュニティを再編しようとしています。地方創生ではこのような組織を「地域運営組織」と呼び、今後5年間で3000団体の設立を目指しています。地域運営組織とは「地域の暮らしを守るため、地域で暮らす人々が中心となって形成され、……地域課題の解決に向けた取組を持続的に実践する組織」です。

地域運営組織は町内会やPTA、各種の市民団体、NPO等で構成されます。担う業務は、買い物支援や移動支援、見守りや草刈り、公的施設の管理・運営などを想定しています。

コミュニティを強化し、発展させることは重要です。しかし、「地方では大幅に人口が減少するため、行政機能の低下は避けられない」。このようなことを前提として、それを補うものとしてコミュニティの再編が位置づけられています。コミュニティ組織が行政の代わりになり得るのかどうかは慎重に考えるべきです。また、行政であれば地方交付税等で最低限のサービスが保障されますが、コミュニティ組織の場合、できないところはどうするのかなどの問題も生じます。

アベノミクスの下で中山間地域は大幅な人口減少が避けられません。そこで空間的には小さな拠点を形成することで集約化を進め、ソフト面では行政や民間の代替をはたせるような住民組織を形成し、それらによって過疎化に耐えうる中山間地域に再編しようとしています。

7 全国的に進む公共施設の統廃合

公共的サービスの拠点を削減

限られた財源を国際競争力強化に使うためには、社会保障予算の削減、公共的サービス予算の削減が不可欠です。このような公共的サー

ビス予算を削減する最も確実な方法は、公共的サービスの拠点となっている公共施設を減らすことです。公共施設を削減すると、そこで展開されていた公共的サービスが消滅し、その予算が削減できます。この具体化が公共施設等総合管理計画ですが、この内容については２章、３章で説明します。

　農村的な生活が都市的な生活になると、人々の生活が社会化されます。農村的な大家族制ですと、保育や高齢者介護は家庭内もしくは近隣の助け合いで可能でしたが、都市部ではそれらを公的なサービスとして供給しなければ生活が成り立ちません。また、時代と共に市民はより文化的な生活を求めます。そのようなニーズに応えるためには文化施設、スポーツ施設等が必要となります。

　このような公共施設を削減し、公費負担を減らそうとしているため、その影響は深刻です。具体的な内容は４章で見ますが、この動きは大都市、地方都市に限らず中山間地域まで、全国各地で進んでいます。

公共サービスを企業の収益対象に

　人口が減少すると企業のビジネスチャンスも減ります。そこで公共施設の運営を民間企業に委ねることで、新たな収益源を確保するという意図もあります。図書館に指定管理者制度を導入して民間企業に開放する、行政が行ってきた学童保育を民間企業に委託するなど、行政サービス、公共施設を民間に開放する動きが広がっています。

　行政は公費負担を減らすことができ、企業は収益対象を広げることができます。お互いの思惑が一致しているため、市民ががんばらない限り、このような動きは簡単に止まりません。

8　地方創生とは何か

地域の再編を自治体が進める仕組み

　アベノミクスは小泉構造改革を継承、発展させるものです。つまり、日本の国際競争力を維持するため、地方に対する公費負担、社会保障と市民向けサービスの大幅な削減を進めようとしています。しかし、小泉構造改革が引き起こした地方の反乱は避けなければなりません。そこでアベノミクスは小泉構造改革と異なる点を内包しています。その一つめは、単に地方を破壊するのではなく、地方を造り替えようとしている点です。大幅な人口減少を前提とし、先にみたコンパクト化と連携で、そのような変化に耐えうる地域に造り替えようとしています。もう一つは、そのような再編を政府が進めるのではなく、自治体が自ら進めることです。

　この仕組みが地方創生及び関連する一連の施策です。地方創生の下で自治体は人口ビジョン、総合戦略をはじめさまざまな計画を策定しています。これらは義務ではありませんが、実際はこれらの計画を策定しないと地方創生に関連する交付金が取れません。そのため、実質的には義務になっています。また、これら一連の計画は政府が作成したマニュアルに沿って作られるため、ほぼ政府の考えを各地域で具体化する内容になっています。さらに、自治体はこれら計画の達成度を常に検証しなければなりません。達成度が低ければ交付金が減るため、自治体は計画を推進せざるを得ません。

地方創生は自治体の自己責任

　地方創生は自治体が政府の意向に沿って自ら地域を再編する仕組みです。地方創生で誘導しようとしている再編の中身は、先に見た「地

方都市の再編」と「中山間地域の再編」、「公共施設の統廃合」です。

　自治体は財政難のため交付金に依存した地方創生を進めようとしています。そのため、交付金の総額が少ないという批判は出ていますが、地方創生そのものに対する批判は自治体からあまり出されていません。しかも、自治体は自ら策定した計画に基づいて進めるため、地方創生に失敗したら自己責任になります。

自治体の開発願望に応える仕組み

　もう一つみておかなければならないのは、地方創生をはじめとした一連の制度・計画が、自治体の開発願望に応えるものとなっている点です。コンパクトを実現する立地適正化計画では居住誘導区域と都市機能誘導区域を定めます。コンパクトを実現するためには両者が実質化しなければならなりません。しかし市町村が立地適正化計画で重視しているのは都市機能誘導区域です。人口の減少が確実であっても、開発によって人口、税収を増やし、地域の活性化を進めたいと考えている自治体は多く存在します。既存の市街地再開発事業や土地区画整理事業は人口減少や不景気のため、なかなか事業化できません。そこで少なくない市町村がこの立地適正化計画を活用して、中心部の活性化を進めようと考えています。政府としてはそのような市町村の計画が、全体としてコンパクト化を進めると判断しているのでしょう。

　連携中枢都市圏も同じです。かつて地方中心都市は市町村合併によって周辺部を取り込み、税収を増やし、もしくは合併特例債を活用して中心部の活性化を進めました。連携中枢都市圏に取り組んでいる多くの中心市は、この仕組みを活用して、中心部での開発、公共施設の再編成を進めようとしています。この点は、1960年代の公共事業費を通じた利益誘導と類似しています。

注

1 地方創生等については、拙著『人口減少と地域の再編』自治体研究社、2016年5月を参照。

2 人口の値については、総務省統計局、国立社会保障・人口問題研究所のホームページ（以下HPと略す）を参照。

3 国土計画については、国土交通省「国土のグランドデザイン2050」2014年。閣議決定「国土形成計画」2015年。内閣府地方創生推進事務局のHPを参照。

4 リニア中央新幹線の問題については、西川榮一著『リニア中央新幹線に未来はあるか』自治体研究社、2016年2月が参考になる。

5 国家戦略特区については、閣議決定「国家戦略特別区域基本方針」2014年、内閣府地方創生推進事務局のHPを参照。

6 地域包括ケアについては厚生労働省のHPを参照。生活支援については、地域包括ケア研究会「地域包括ケアシステムの構築における今後の検討のための論点」2013年3月を参照。

7 社会保障の動向については、伊藤周平著『社会保障改革のゆくえを読む』自治体研究社、2015年10月が参考になる。

8 立地適正化計画、地域公共交通網形成計画については国土交通省のHPを参照。

9 連携中枢都市圏、定住自立圏については総務省のHPを参照。

10 小さな拠点については、まち・ひと・しごと創生本部のHP、国土交通省のHPを参照

11 地域運営組織については、総務省地域力創造グループ地域振興室「暮らしを支える地域運営組織に関する調査研究事業報告書」2016年3月を参照。

2章 公共施設等総合管理計画の内容

　公共施設等総合管理計画が全国の自治体で策定されています。この計画は 1 章で見た国土と地域の再編の中で動いています。この章では、総務省が示した公共施設等総合管理計画の内容をみるとともに、公共施設等総合管理計画の狙いを考えます。

1　公共施設等総合管理計画の背景

インフラの更新ができなくなる

　国土交通省は 2009 年にインフラの維持・更新費用の試算を発表しました（図 2-1）。インフラにかかる経費は、新設、災害復旧、更新、維持管理の四つに分かれます。高度経済成長期（1960 年代）はほとんど新設でしたが、ストックが増えるに従い、次第に維持管理費が増えてきます。しかし、1980 年代、90 年代、インフラ整備にかける総経費は増え続け、それらの多くは新設に充てられました。そのため、1980 年代、90 年代には膨大なインフラ整備が進みました。

　2000 年以降、財政状況の悪化とともに、インフラ整備にかけられる総経費が減り始めます。その一方で、更新費が増え始めました。インフラは新設後、おおよそ 50 年ぐらいで更新することになっています。高度経済成長期の前半に新設されたインフラが 2010 年ぐらいから更新期に入ったからです。

　日本の財政状況が急に好転するとは思えません。そのため、国土交通省は、2010 年以降インフラ整備にかけられる総経費は一定とする、

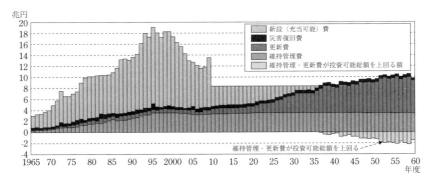

図2-1　維持管理・更新費の推計
出所：「平成21年度国土交通省白書」より転載。

　従来と同じようにインフラの更新を行うという前提条件で、今後の試算を行いました。それが図2-1です。それによりますと、2037年には維持管理費プラス更新費でインフラにかかる総経費を上回ります。2011年度から2060年度までの50年間で更新費の総額は190兆円、そのうち30兆円は経費が不足し更新できないという内容でした。もちろん、インフラに係わる総経費が変わらず、維持管理費、更新費を優先すれば、2037年以降は新設費がゼロになります。

　このような議論が始まっていましたが、2012年12月2日に中央自動車道笹子トンネルで約130メートルにわたって天井板が落下するという事故が発生しました。この事故で複数台の車が巻き込まれ9名が亡くなりました。その後の事故調査・検討委員会で、天井板を取り付けていたボルトの強度不足、ボルトを固定していた接着剤の劣化、点検の不備等が指摘されました。

　インフラは国民生活や日本経済を支える基本です。笹子トンネルのような事故によって、インフラの適切な維持管理、更新の必要性がさらに認識されたといえます。

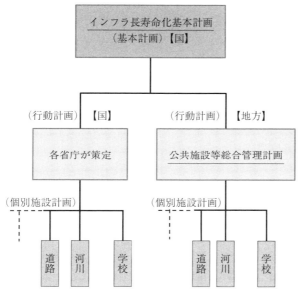

図2-2　公共施設等総合管理計画の位置づけ
出所：総務省「公共施設等の総合的な管理による老朽化対策等の推進」より転載。

インフラ長寿命化計画

　そのような状況下で政府は、2013年11月に「インフラ長寿命化基本計画」を策定しました。この計画がめざしているのは三つです。一つは、インフラの老朽化や自然災害に対応し、安全で強靭なインフラを築くということです。もう一つは、インフラの適切な維持管理、更新を進め、トータルコストの縮減や予算の平準化を図ることです。最後は、これらを通じてメインテナンス産業を育成することです。

　インフラの適切な点検を実施し、損傷が軽微な段階で予防的な修繕を行い、トータルコストの縮減、インフラの長寿命化を図る「予防保全型維持管理」の導入。更新する場合も、更新後の維持管理が容易な構造を採択し、将来的な維持管理費縮減を図る等が提案されています。

この基本計画を受け、国土交通省は 2014 年 5 月に「国土交通省イ
ンフラ長寿命化計画（行動計画）」を策定しています。対象としてい
るのは、道路、河川・ダム、下水道、空港、公園等のインフラと公営
住宅、庁舎施設等の公共施設です。内容的には、適切なインフラの点
検・診断、修繕・更新を進め、安全なインフラの維持、トータルコス
トの削減を進めようというものです。同じように厚生労働省、農林水
産省も行動計画を策定しています。

インフラ長寿命化計画の自治体版が公共施設等総合管理計画

基本計画では国だけでなく、インフラを管理・所有する自治体にも
必要に応じて行動計画を策定するように呼びかけています。

それを受け、総務省は 2014 年 1 月に自治体に対して「公共施設等
の総合的かつ計画的な管理による老朽化対策等の推進」を出しました。
そこで図 2 - 2 のように公共施設等総合管理計画を、インフラ長寿命
化基本計画に基づいて自治体が策定する行動計画と位置づけました。

2　公共施設等総合管理計画の概要

指針で示された内容

総務省は 2014 年 4 月に「公共施設等総合管理計画の策定にあたっ
ての指針」を発表しました。指針は、総合管理計画に記載すべき事項、
総合管理計画策定にあたっての留意事項、その他の三つからなり、中
心は最初の項目です。

総合管理計画に記載すべき事項は、公共施設等の現状及び将来の見
通し、公共施設等の総合的かつ計画的な管理に関する基本的な方針、
施設類型ごとの管理に関する基本的な方針からなります。

最初の、公共施設等の現状及び将来の見通しでは、以下の三つをあ

げています。

①老朽化の状況や利用状況をはじめとした公共施設等の状況

②総人口や年齢別人口についての今後の見通し

③公共施設等の維持管理・修繕・更新等に係わる中長期的な経費の見込み

　二つめの、公共施設等の総合的かつ計画的な管理に関する基本的な方針では、以下の五つをあげています。

①計画期間＝少なくとも 10 年以上の計画期間にすること

②全庁的な取組体制の構築及び情報管理・共有の方策

③現状や課題に関する基本認識

④公共施設等の管理に関する基本的な考え方

　この項目が指針の中心です。少し長くなりますが、指針を引用しながら説明します。この④で示された内容は四つです。一つめは、「更新・統廃合・長寿命化など、どのように公共施設等を管理していくか」という「基本的な考え方」です。二つめは、「PPP/PFI の活用などの考え方」です。三つめは、「計画期間における公共施設等の数や延床面積等の公共施設等の数量に関する目標」で、これが指針の中心です。四つめは、以下の事項についての考え方です。以下の事項というのは、点検・診断等の実施方針、維持管理・修繕・更新等の実施方針、安全確保の実施方針、耐震化の実施方針、長寿命化の実施方針、統合や廃止の推進方針、総合的かつ計画的な管理を実現するための体制の構築方針です。

⑤フォローアップの実施方針

公共施設等総合管理計画の策定状況

　総務省の発表によりますと、2016 年 4 月時点での取組状況は以下のようになっています。すでに策定済みの都道府県は 30（全体の

40

63.8％）、市町村は413（23.7％）。2016年度末までに策定予定の都道府県は47（100％）、市町村は1731（99.4％）です。ほぼすべての自治体が2016年度中に策定する予定です。

公共施設等総合管理計画の狙い

公共施設等総合管理計画はインフラ長寿命化計画の自治体版としてスタートしました。しかし両者の狙いは異なります。まず一点目は対象です。名前を見れば明らかなように、主たる対象が異なります。両者ともインフラ及び公共施設を対象としていますが、インフラ長寿命化計画は、道路や河川、橋脚などのインフラに重点があり、公共施設等総合管理計画は建物に重点があります。

二点目は目的です。インフラ長寿命化計画は、インフラの点検などを適切に実施し、予防的な維持管理などを導入することで、インフラの長寿命化を図ることに主眼があります。それに対して公共施設等総合管理計画は、公共施設の統廃合などを進め、公共施設の数、面積を縮小させることが主たる目的です。

インフラ長寿命化計画は、日本経済にとって重要なインフラを、財政的制約の中でいかに更新していくかにポイントが置かれています。それに対して公共施設等総合管理計画は、1章で見ましたが国民生活を支えるために必要な公共サービスを削減し、それを通じて公費負担を減らすことにポイントが置かれています。そのような重点の違いが、二つの計画の違いとなっています。

公共施設最適化事業費の創設

公共施設等総合管理計画を所管する総務省は、公共施設の削減を進めるための予算措置を具体的に進めています。2015年度に公共施設最適化事業費が創設され、地方財政計画に計上されました。2015年

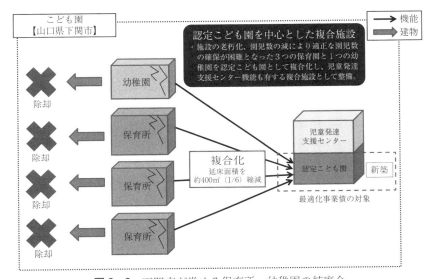

図2-3 下関市が進める保育所・幼稚園の統廃合
出所：総務省「公共施設最適化事業債を活用した先進事例について」より転載。

度は1000億円、2016年度は2000億円です。これは公共施設等総合管理計画に基づいて実施する公共施設の集約化・複合化、転用、除去のために必要な経費として計上されています。

　また、公共施設最適化事業債も創設されました。この対象になるのは公共施設の集約化・複合化事業であって、全体として延床面積が減少するものです。

　総務省のホームページには「公共施設最適化事業債を活用した先進事例」として9事例が紹介されています。具体的には体育館、高校、認定こども園、給食センター、市民ホール等です。そのうち下関市の認定こども園をみます（**図2-3**）。一つの幼稚園、三つの保育所を統廃合して一つの認定こども園として新設し、その建物内に児童発達支援センター機能を入れたものです。この統廃合で床面積が6分の1縮

減できるとしています。

注

1　国土交通省「平成 21（2009）年度国土交通白書」。

3章 公共施設等総合管理計画で示された 削減目標の問題点

　総務省はホームページで公共施設等総合管理計画の策定事例として、愛知県、山形県、さいたま市、川崎市、静岡市、北海道石狩市、岩手県久慈市、兵庫県伊丹市、愛媛県新居浜市、熊本県豊後大野市、愛媛県伊方町、熊本県大津町、長野県松川村を紹介しています。また、公共施設最適化事業債を活用した先進事例として、茨城県ひたちなか市、埼玉県川口市、石川県七尾市、兵庫県伊丹市、山口県下関市を紹介しています。3章では、ひたちなか市を除くこれらの自治体が策定した公共施設等総合管理計画の特徴を見ます。

1　公共施設等総合管理計画の2タイプ

計画の名称と計画期間

　総務省は公共施設等総合管理計画と呼んでいるため、自治体もその名称を使う計画が多くなっています（表3-1）。ただしそれ以外の名称もあります。静岡市と新居浜市はアセットマネジメントという単語を使っています。アセットとは、資産、財産という意味で、日本語にすると公有財産管理計画になります。

　計画期間ですが、一番長いのは大津町と川口市の40年、30年以上がさいたま市、静岡市、久慈市、豊後大野市、松川村の4市1村です。短いのは、山形県、川崎市（1期、2期の合計）、伊方町の10年です。

表3-1 計画の名称と策定年、計画期間

	名　称	策定年	計画期間
愛知県	愛知県公共施設等総合管理計画	2015 年　3 月	2030 年
山形県	山形県県有財産総合管理基本方針	2014 年 12 月	2023 年
さいたま市	さいたま市公共施設マネジメント計画	2012 年　6 月	2050 年
川崎市	かわさき資産マネジメントカルテ	2014 年　3 月	2020 年
静岡市	静岡市アセットマネジメント基本方針	2014 年　4 月	2043 年
石狩市	石狩市公共施設等総合管理計画	2014 年 10 月	2034 年
久慈市	久慈市公共施設等総合管理計画	2015 年	2044 年
伊丹市	伊丹市公共施設等総合管理計画	2014 年　3 月	2030 年
新居浜市	新居浜市アセットマネジメント推進基本方針	2012 年　1 月	不明
豊後大野市	豊後大野市公共施設等総合管理計画	2015 年　3 月	2044 年
伊方町	伊方町公共施設等総合管理計画	2015 年　3 月	2025 年
大津町	公共施設等総合管理計画	2015 年　3 月	2054 年
松川村	松川村公共施設等総合管理計画	2015 年　3 月	2044 年
川口市	川口市公共施設等総合管理計画	2016 年　4 月	2055 年
七尾市	七尾市公共施設等総合管理計画	2015 年 11 月	2030 年
下関市	下関市公共施設等総合管理計画	2016 年　2 月	2034 年

＊伊丹市は2015年3月に改定している。元の名称は伊丹市公共施設マネジメント基本方針。
＊川崎市の現行計画は2期目。1期目の計画は2011年〜2013年。
出所：著者作成。

公共施設等総合管理計画の分類

　2章で見ましたが公共施設等総合管理計画はインフラ長寿命化基本計画の自治体版です。ところが、インフラ長寿命化基本計画は長寿命化に主眼を置いているのに対し、総務省が出した公共施設等総合管理計画の指針は公共施設の削減に主眼を置いています。そのため、自治体が作成する公共施設等総合管理計画も、長寿命化に主眼を置いた計画と削減に主眼を置いた計画の大きく2タイプに分かれます。

　2章で指針を見ましたが、各自治体が作成する公共施設等総合管理

3章　公共施設等総合管理計画で示された削減目標の問題点　　*45*

計画はこの指針に沿って作成されています。そのため計画の構成は指針で示されたように、公共施設等の現状及び将来の見通し、公共施設等の総合的かつ計画的な管理に関する基本的な方針、施設類型ごとの管理に関する基本的な方針からなっています。

　最初の公共施設等の現状及び将来の見通しですが、自治体によって具体的な内容は当然異なりますが、構成はほとんど同じです。

　自治体によって構成が大きく変わっているのは、二つめの公共施設等の総合的かつ計画的な管理に関する基本的な方針のところです。ここで公共施設とインフラに大別して基本的な方針を立てている自治体と、どちらかというと両者を分けずに基本的な方針を立てている自治体の2タイプに分かれます。結論からいいますと、前者は公共施設の削減に主眼を置いている自治体（以下、削減型自治体と呼びます）で、後者は長寿命化を重視している自治体（以下、長寿命型自治体と呼びます）です。

　先に書いた自治体のうち、削減型自治体は、さいたま市、静岡市、石狩市、久慈市、川口市、七尾市、伊丹市、下関市、豊後大野市、伊方町、大津町、松川村の9市2町1村。長寿命型自治体は、山形県、愛知県、川崎市、新居浜市の2県2市です。

　計画の三つめの構成部分は、施設類型ごとの管理に関する基本的な方針です。この内容は、削減型自治体か長寿命型自治体かで大きく異なります。以下、2タイプに分けて公共施設等総合管理計画の特徴を見ます。

2　削減型自治体の特徴

公共施設とインフラに大別している自治体の基本的な方針

　まず、公共施設とインフラに分けて基本的な方針をたてている削減

表 3 - 2　削減型自治体の基本的な方針（その 1）

	公共施設	インフラ
さいたま市	①新規整備は行わない ②施設の更新は複合施設 ③施設総量の削減	①現状の投資額の維持 ②ライフサイクルコストの縮減 ③新たなニーズに対応
石狩市	①施設総量の縮減 ②新規整備は行わない ③複合、集約、廃止、統廃合が基本 ④ライフサイクルコストの縮減	①維持管理コストの縮減 ②施設の廃止縮小
川口市	①施設総量の削減 ②ライフサイクルコストの縮減 ③施設の長期利用	①計画的な維持管理・更新
七尾市	①施設運営見直し ②複合化や統合 ③遊休施設の利活用、廃止 ④長寿命化	①大量更新への備え ②長寿命化
伊丹市	施設総量の削減	計画的な点検、修繕、維持更新
下関市	①施設の適正配置と総量削減 ②長寿命化 ③効率的、効果的な運営	①長寿命化
豊後大野市	①新規整備は行わない ②施設の更新は複合施設 ③施設総量の削減 ④維持管理コストの縮減 ⑤ゾーニング手法による見直し	①現状の投資額を維持 ②ライフサイクルコストの縮減
伊方町	①新規整備は行わない ②施設総量の削減	①ライフサイクルコストの縮減 ②新設、改修、更新の実施
大津町	①新規整備は行わない ②施設の更新は複合施設 ③施設総量の削減削減 ④維持管理コストの縮減 ⑤更新費用の縮減	①現状の投資額の維持 ②ライフサイクルコストの縮減

＊同じような表現は統一して記入した。
＊一部の項目は省略している。
＊久慈市は公共施設とインフラに分けて基本的な方針を示していない。
出所：著者作成。

3章 公共施設等総合管理計画で示された削減目標の問題点 *47*

型自治体の特徴からみます。わかりやすく書いているのはさいたま市です（表3-2）。さいたま市は「ハコモノ三原則」と「インフラ三原則」を決めています。ハコモノ三原則とは、「新規整備は原則として行わない」「施設の更新は複合施設とする」「施設総量を縮減する」です。さいたま市は公共施設の削減が計画全体の目標で、更新する場合は、複合化などによって面積を縮小する、新規整備は原則として行わず、新設が必要な場合も総量削減目標の範囲内で行うとしています。一方「インフラ三原則」は、「現状の投資額を維持する」「ライフサイクルコストを縮減する」「効率的に新たなニーズに対応する」です。公共施設とは反対に、予算総額を維持し、新たなニーズに対応するため新規整備を進めるとしています。さいたま市は公共施設とインフラを分けたのは、全く違った基本的な方針を示すためです。

　川口市、伊丹市、下関市、豊後大野市、伊方町、大津町の4市2町は、表現はやや異なりますが、さいたま市とほぼ同じ考えです。

　静岡市と松川村は先に公共施設とインフラに分けるのでなく、基本的な方針を「総量資産の適正化」「長寿命化の推進」「民間活力の導入」にまず分け、その各々で公共施設とインフラで方針を別々に示しています（表3-3）。その公共施設とインフラの方針は先のさいたま市の

表3-3　削減型自治体の基本的な方針（その2）

	総量資産の適正化		長寿命化	
	公共施設	インフラ	公共施設	インフラ
静岡市 松川村	①総量の縮減 ②新設は総量の範囲内 ③跡地は売却	①計画的整備	①ライフサイクルコストの縮減 ②歳出予算の平準化	①計画的な維持管理

＊静岡市と松川村は全く同じ内容。
＊総量資産の適正化、長寿命化以外に民間活力の導入もあるが、これについては公共施設とインフラで違いはない。
出所：著者作成。

表3-4　公共施設の削減量（面積）

	削減率（目標期間）	削減率（10年間あたり）	算出根拠
さいたま市	15%（40年間）	2.5%	不明
石狩市	20%（20年間）	10.0%	不明
久慈市	40%（30年間）	13.0%	財源
川口市	明記せず		
七尾市	20%（15年間）	13.3%	将来人口予測と財源
伊丹市	10%以上（15年間）	6.7%	将来人口予測
下関市	30%以上（20年間）	15.0%	将来人口予測と財源
豊後大野市	明記せず		
伊方町	20%（10年間）	20.0%	将来人口予測？
大津町	明記せず		
静岡市	20%（30年間）	6.7%	財源
松川村	20%（30年間）	6.7%	財源

出所：著者作成。

内容はほぼ同じです。静岡市の計画と松川村の計画は数値と固有名詞を除くと一字一句同じです。

　久慈市は公共施設とインフラに区分して基本的な方針を示していませんが、公共施設については「統合や廃止」が基本となっています。

　石狩市も今までの自治体とほとんど同じですが、インフラについて「利用状況に応じて、施設の廃止・縮小を進めます」としています。3章で取り上げた自治体の中でインフラの廃止・縮小を記載してあった唯一の自治体です。ただし、その具体的な内容は書かれていません。

総量削減の数値目標

　削減型自治体12市町村のうち、公共施設削減量の具体的な数値目標を立てているのは9市町村です（表3-4）。数値目標はすべて公共施設の床面積をどの程度削減するのかです。

　最大は伊方町（10年間で20%）、2番目は下関市（10年間で15%）、3番目は久慈市と七尾市（10年間で13.3%）です。伊方町は10年間

で公共施設を5分の4にする計画です。

3　削減目標の問題点

将来人口予測を元にした数値目標の問題点・その1

　削減の具体的な数値目標をたてている9市町村のうち、その算出根拠を示しているのは久慈市、七尾市、伊丹市、下関市、伊方町、静岡市、松川村の5市1町1村です。伊丹市は将来人口予測を下に数値目標を算出し、久慈市、静岡市、松川村は財源から算出し、七尾市、下関市は将来人口予測と財源の双方から算出しています。伊方町も将来人口予測から数値目標を算出しているようですが、算出方法がはっきりと読み取れないため検討しません。

　最初に伊丹市の算出方法をみます。計画の基準年は2010年、計画期間は2030年までです。2010年の人口は19万6127人、公共施設の総面積は59.6万㎡です。国立社会保障・人口問題研究所の将来人口予測によりますと、伊丹市の人口は2030年には19万249人になります。伊丹市の計画ではこの予測値を採用しています。そして1996年がこの2030年とほぼ同じ人口で、公共施設の総面積は54.6万㎡でした。そこで、2030年には1996年と同じぐらいの人口に減るため、公共施設も1996年と同じ面積まで減らそうというのです。面積は59.6万㎡から54.6万㎡まで、約6万㎡の削減、率にすると10%の削減になります。これが伊丹市の算出根拠です。

　これには二つの問題があります。まず一点目は、国立社会保障・人口問題研究所の将来人口予測を採用していることです。伊丹市は2015年10月に「伊丹創生人口ビジョン」を作成しています。これは地方創生に基づき伊丹市が作成した計画です。この人口ビジョンは伊丹市で少子化が解決できない場合、将来的には国立社会保障・人口問

題研究所が推計したように人口が大幅に減ってしまう。そのため、「人口減少問題を克服し、将来にわたって地域の活力を維持するため」に人口ビジョンを策定しています。この人口ビジョンによると伊丹市が人口ビジョンで示されたような施策を展開すれば、2040年時点で19万7139人の人口を維持できるはずです。この人口ビジョンは伊丹市自身が作成したものであり、これが伊丹市の長期的な目標のため、将来的な人口予測にはこの数値を採用すべきです。だいたい国立社会保障・人口問題研究所の予測になってしまうと伊丹市は大変なことになるため、そうならないように人口ビジョンを策定したはずです。にもかかわらず、公共施設等総合管理計画で、国立社会保障・人口問題研究所の予測値を採用するのは矛盾しています。人口ビジョンで示された2040年の人口は19万7139人であり、基準年の人口19万6127人より多いため、公共施設を削減する根拠はありません。伊丹市は2014年3月に「伊丹市公共施設マネジメント基本方針」を策定しており、2015年3月にそれを改定した「伊丹市公共施設等総合管理計画」を策定しています。2015年10月に「伊丹創生人口ビジョン」を策定した以上、公共施設等総合管理計画を再改定すべきです。

将来人口予測を元にした数値目標の問題点・その2

　伊丹市のもう一つの問題点は、人口が減るため、公共施設を以前の水準に戻すとしている点です。伊丹市の場合、人口ビジョンで示された2030年の人口は基準年より多いため、公共施設を削減する根拠になりません。しかし、多くの市町村では、人口ビジョンで示された将来人口が現時点の人口を下回ります。特に地方ではその傾向が顕著で、本章で取り上げた下関市もその一つです。

　下関市は将来人口予測と財源の双方から公共施設の削減率を決めています。財源についてはあとで検討するため、ここでは将来人口予測

3章　公共施設等総合管理計画で示された削減目標の問題点　　*51*

をみます。下関市も伊丹市と同じように国立社会保障・人口問題研究所の予測値を使っています。下関市の基準年は 2015 年です。人口は 27 万 3736 人、それが 2035 年には 21 万 1972 人まで減少するとしています。減少率 23％です。下関市も 2015 年 10 月に「下関市人口ビジョン」を策定しています。ここで示された 2035 年の人口見通しは 22 万 5322 人で減少率 18％です。下関市も公共施設等総合管理計画を立てる場合、国立社会保障・人口問題研究所の予測値ではなく、自らが策定した人口ビジョンの数値を元にすべきです。そうすれば 30％という削減目標は導けないはずです。

　ただ、それでも人口が減ります。そのような場合、公共施設を減らすのはやむを得ないのでしょうか。公共施設は生産力の上昇とともに、個人では満たされないさまざまな要求を満たすため、また都市的な生活様式の発展とともに個人的には解決できない問題に対応するため整備されてきたものです。各種の文化施設、スポーツ施設は市民生活を向上させるため、保育所などは女性の社会進出とともに整備されてきました。人口が減るから元の水準に戻すというのは、時代とともに向上してきた生活水準や社会サービス水準を昔の水準に戻すということです。伊丹市の計画では、20 年前の水準に戻すということになります。

　人口が減るからかつての水準に戻すというのは、社会の変化・発展を考慮しない暴論です。たとえば、人口が 20 年前と同じ水準になるから、20 年前と同じ駐車場を確保すればいい、このような計画を立てると路上駐車があふれかえります。20 年前ですとインターネットはほとんど普及していません。人口が 20 年前に戻るから、その当時のインターネット環境に戻そう、このような計画もあり得ません。時代は変化・発展します。なぜ、公共施設だけ、昔の時代に戻さなければならないのでしょうか。このようなことをしてしまうと、20 年間、行政や市民が市民生活向上のためにがんばってきたさまざまなことが

水の泡となります。もちろん、一度建てた公共施設はすべて維持しなければならない、ということではありません。しかし、公共施設の削減は市民生活に直結します。もう少し慎重に考えるべきでしょう。

財源予測を元にした数値目標の問題点・その1

　静岡市と松川村は財源予測から公共施設の削減率を決め、下関市は先に見た将来人口予測と財源予測の双方から削減率を決めています。

　下関市は公共施設とインフラ両方で、20年間に3205億円の更新費用（一般会計）が発生すると計算しています。年平均で約160億円です。一方、過去5年間の普通建設事業費は年平均約99億円です。そのため、同額の財源が確保でき、すべてを更新費用に充てたとしても、年間61億円、必要な更新費用に対して38％の財源が不足するとしています。

　先に見ましたが下関市は人口が23％減少します。そして財源は38％不足します。そこで、公共施設の床面積を20年間で30％以上削減するとしました。

　さて、下関市の計算によりますと、公共施設やインフラを更新する財源が確保できません。そのため、すべての公共施設を更新せず、公共施設の床面積を削減するとしています。ところが、インフラについては削減を全く考えていません。この理由を下関市は以下のように説明しています。「公共施設については、複合化や集約化等により、総量縮減を図り、修繕・更新コストを抑制することは可能ですが、道路、橋梁、河川等の土木インフラについては、市民生活を支える地域に密着した施設であり、一度布設したものを廃止することは現実的ではありません」。

　実際、下関市は公共施設適正化事業債を活用し、3か所の公立保育所と1か所の公立幼稚園を一つの認定こども園に統合する計画を立て

ています。これによって床面積を6分の1削減するそうです。

　将来的に更新の財源が不足するが、インフラは更新しなければなら
ないため、その不足分は公共施設の削減で帳尻を合わすということで
す。その根拠は、インフラを削減すると市民生活に不便が生じるが、
公共施設であればさほど問題でないということです。

　しかしこれは大きな問題です。たとえば30メートルの長さの橋が
あったとします。中央の10メートルだけ造り替えず、両側の10メー
トルずつを造り直しても、橋の機能が保たれません。このようなこと
は自明です。でも3か所あった橋を一つにする場合は、意味が違いま
す。確かに川を渡るために大回りしなければなりません。その一方で、
3か所あった保育所を1か所にまとめると、自宅からの距離が遠くな
ります。そのため、今まで自転車や徒歩で送迎できたのが、統合後は
自動車を使わなければなりません。3か所の橋を一つにするのと、3
か所の保育所を一つにするのと、どちらが不便かは単純には比較でき
ません。橋を使う人は多いかもしれません。しかし保育所の場合、単
に時間がかかるだけでなく、地域との関係や友達関係等にも影響がで
るため、影響という意味では大きくなるかもしれません。

　信号をなくすため立体交差にした道路を更新せず、平面交差に戻す
と確かに信号待ちが増えます。しかし小学校を更新せず統合すると、
自宅からの通学時間が増えます。状況にもよりますが後者の方が市民
生活に大きな影響を与えるでしょう。

　インフラを更新しなければ市民生活に大きな影響が生じる、公共施
設は更新せず、廃止しても影響はそれほど大きくないという考えは明
らかにおかしいといえます。

財源予測を元にした数値目標の問題点・その2

　久慈市は削減型自治体です。公共施設とインフラに分けて、今後の

更新費用を想定し、それを元にして公共施設を今後30年間で40％削減するとしています。久慈市は公共施設更新費用の実績値を25.7億円（年間）、インフラ更新費用の実績値は9.6億円と計算しています。それに対して今後の更新費用を、公共施設は39.2億円（年間）、インフラは21.2億円と推計しています。各々1.5倍と2.2倍です。絶対額では公共施設の方が大きいものの、久慈市が書いているように、インフラの更新費用は「公共施設以上に財政負担が大き」くなります。

　ところが今後の基本方針では一転して、更新費用が明らかに不足するため、「公共施設の縮減を進めていく必要がある」とし、30年間で40％という目標値を示しています。一方、インフラについては「必要性の十分な精査を行い、将来コストを見据えた保有量に抑えます」とし、削減は想定していません。

　なぜインフラに関する財政負担が大きいにもかかわらず、インフラが削減から除外されたのか、さらに何を根拠に40％という目標値を導いたのかが、計画書からは読み取れません。公共施設の削減は市民によって大きな問題です。いろいろな分析をしているものの、目標値の根拠が示されていないのは大きな問題です。

　ちなみに公共施設の更新費用とインフラの更新費用を足しますと35.3億円（実績値）です。またインフラの更新で必要となる費用は21.2億円（推計値）です。この二つを固定しますと、公共施設の更新費用を削るしかありませんが、単純に計算しますと公共施設更新費用を実績値から45％削減すれば財政的には成り立ちます。40％削減がどのように導かれたかは分かりません。しかし、公共施設等総合管理計画という名の元に、公共施設更新費用の削減で、インフラ更新費用の増大を確保しようとしているのであれば大きな問題です。

4　長寿命型自治体の特徴

川崎市の長寿命化計画

　長寿命型自治体である川崎市の公共施設等総合管理計画（かわさき資産マネジメントカルテ）を見ます。川崎市は公共施設とインフラを分けていません。川崎市は、施設の長寿命化、資産保有の最適化、財産の有効活用という三つの戦略を示しています。資産保有の最適化は公共施設の削減というよりも、指定管理者制度の導入やスペースの有効活用を意味しています。財産の有効活用は公有財産を活用し収入を増やすということです。このうち2020年までは施設の長寿命化を重点的に取り組むとしています。

　川崎市は従来から庁舎等については長寿命化を進めてきました。過去5年間の維持管理にかかった経費は366億円です（1年間）。もし長寿命化に取り組まなければ今後の20年間で423億円必要となります（年間あたり）。また従来から取り組んできた長寿命化の延長だけですと398億円です。そこで長寿命化の対象を全施設に広げると255億円となり、最近5年間の維持管理費を下回ります。ここで検討した主な施設は、従来から取り組んでいる庁舎に加え、学校、市営住宅、道路、橋梁です。各々の施設についてどのように長寿命化を図るかが検討されています。

　川崎市は当面人口が増える見込みです。そのこともあり削減型自治体のような公共施設削減量は考えていません。

新居浜市の長寿命化計画

　次に長寿命型自治体である新居浜市の公共施設等総合管理計画（新居浜市アセットマネジメント推進基本方針）を見ます。市の試算によ

りますと 2040 年までに公共施設とインフラの更新費用が 1287 億円、年平均 43 億円になります。うち公共施設が 834 億円、インフラ（道路、橋梁、上下水道）が 453 億円です。また更新費用のピークは 2030 年で、総額 141 億円、うち公共施設が 125 億円、インフラが 16 億円です。新居浜市は、更新費用の総額を減らすこと、更新費用の平準化を図ることを目的としました。

　総額で見ると公共施設が大きくなっています。先の推計は 50 年で建て替えを行うという前提で試算したものです。それに対して、長寿命化を図り 65 年で建て替えるという前提で試算すると、公共施設の更新費用総額は 350 億円となり、30 年間で 484 億円削減できます。また、更新時期がずれ、更新費用の平準化も図れるとしています。

　このような試算を元に、公共施設とインフラを対象に、長寿命化を進め、ライフサイクルコストの削減を進めるとしています。削減型自治体のような公共施設の削減は全く検討していません。

愛知県・山形県の長寿命化計画

　愛知県、山形県も長寿命型自治体です。愛知県は、安全・安心の確保を最優先、維持・更新に係わる経費の軽減・平準化を方針にしています。そして具体的な方策として、メインテナンスサイクルの構築、予防保全型の維持管理の導入、施設総量の適正化を掲げています。公共施設ですが、35 年で建て替えると今後 30 年間の維持更新費用は 1兆 6500 億円、年平均 550 億円になります。それに対して 65 年で建て替えると 30 年間で 1 兆 1500 億円、年平均 383 億円になると試算しています。また、インフラの場合、従来型（事後保全型）ですと 30 年間で維持更新費用は 2 兆 6700 億円、年平均 890 億円です。それに対して、予防保全型にすると 2 兆 1300 億円、年平均 710 億円になるとしています。愛知県は、公共施設、インフラとも予防保全型を導入す

ることで維持更新費総額を削減するとしています。ただし、それでも財政的には厳しいため、将来的には民間資金等の活用（PFI、PPP 等）、総床面積の削減なども検討するとしています。

山形県も公共施設とインフラを対象に、長寿命化と維持管理コストの低減、県有財産の有効活用、県有財産の総量縮小を取り組むとしています。具体的に展開しているのは長寿命化と維持管理コストの低減ですが、他の自治体のように試算などは行っていません。総量縮小の内容として、施設の集約化も書かれていますが、具体的な数値目標などは書かれていません。

削減型自治体と長寿命型自治体の違い

以上見てきましたが、公共施設等総合管理計画のポイントは、基本的な方針にあります。ここで公共施設とインフラに分けて基本的な方針を示している自治体は、公共施設とインフラで別々の方針を示すことが目的です。そのような自治体はすべて、公共施設については総量の削減、インフラについては総量の維持としています。公共施設の総量削減を基本的な方針とした自治体は、どの程度の面積を削減すべきかを、将来人口予測もしくは財源から導くことに紙面の大半を費やしています。その反対に、公共施設の長寿命化についてはほとんど検討していません。

それに対して公共施設とインフラを分けずに基本的な方針を示している自治体は、公共施設の長寿命化に力点を置いています。どのような方法で長寿命化を進めるかをいろいろと検討しています。反対にこれらの自治体で公共施設の削減量を決めている自治体はありません。

公共施設等総合管理計画と名前がつけられていますが、公共施設削減計画と公共施設等長寿命化計画の二つに大別できます。

4章 公共施設のあり方を考える
公共施設を考える三つの視点

　公共施設等総合管理計画は残念ながら、公共施設の統廃合計画に
なっています。しかし公共施設は安易に統廃合、移転すべきではあり
ません。むしろ今、必要なのは公共施設を少しでも長く使い続ける長
寿命化です。4章1節で、その点をまず整理します。

　その上で、人口が減少する時代、公共施設のあり方をどのように考
えたらいいのか。三つの点から具体的に説明します。

1　公共施設の長寿命化が基本

公共施設等総合管理計画の中心は長寿命化にすべき

　2章1節で見ましたが、もともと公共施設等総合管理計画は、イン
フラ長寿命化計画からスタートしています。ところが、途中から公共
施設の統廃合を進める計画に変わりました。

　自治体が公共施設やインフラの長期的な維持管理計画を策定するこ
とは大切です。インフラや公共施設の相当部分が高度経済成長期に整
備されているため、それらの適切な維持管理は市民生活の安定、地域
経済の活性化という点から見て重要です。

　問題は3章で見たように、多くの自治体では公共施設等総合管理計
画が公共施設の統廃合計画になっていることと、長寿命化という視点
が欠落していることです。残念ながら統廃合を進める自治体は長寿命
化をほとんど考えていません。

　公共施設は市民生活を支える拠点であり、安易に統廃合したり、移

転させたりすべきではありません。また、公共施設は市民と地域にとってシンボルとなるものであり、使い続けることで価値を高めるようにすべきです。にもかかわらず日本では数十年、場合によっては30年程度で公共施設の建て替えが行われてきました。そのような建て替え期間がそもそも異常です。人口減少、財政的制約もありますが、それ以前に、公共施設のあり方をもう一度考え直すべきです。この点については2節以降で述べますので、ここでは長寿命化を進める基本的な視点を整理しておきます。

建て替え期間（更新）を長くする

　公共施設の経費は更新費と維持管理費に大きく分けられます（運営費は除きます）。更新費は、施設を建て替える費用と元の施設を除却する費用からなります。維持管理費は、更新費以外のすべてで、点検、日常的な修理、大規模修繕などからなります。

　今まで日本では、公共施設を比較的頻繁に建て替えており、今後もそのような短期間で建て替えを進めると、更新費が維持管理費よりも大きくなります。たとえば愛知県の場合、従来方式を続けると今後の30年間で総額が1兆6500億円、そのうち更新費は1兆6050億円（97%）、維持管理費は430億円（3%）と計算しています。

　維持管理費を減らすことも重要ですが、それ以上に更新費用の削減が求められます。もちろん、どのような建物に建て替えるかという問題はありますが、本書ではそれは考えません。そうすると、更新費用を減らすためには、建て替え期間を長くすることが重要になります。今まで30年で建て替えていたのを、60年に延ばす、もしくは90年に延ばすという対策です。ただし、更新期間を延ばすと維持管理費は増えます。

　愛知県の場合、従来方式では35年で建て替えるとしていましたが、

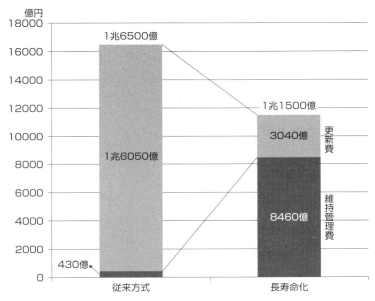

図4-1　長寿命化による経費削減効果（愛知県）
出所：「愛知県公共施設等統合管理計画」より作成。

長寿命化を図り65年で建て替えるとしました。そうすると30年間の更新費用は3040億円（26％）、維持管理費は8460億円（74％）、総額は1兆1500億円となります（図4-1）。愛知県の場合、従来方式では35年で建て替えるとしていますが、これは少し短すぎると思います。従来方式では35年で建て替えるため大規模修繕が不要でしたが、65年で建て替える場合は、大規模修繕が必要となります。そのため、維持管理費が大幅に増えていますが、これはやや特殊です。ただ、傾向としてはこのようになります。

　川崎市も同じように試算しています。建て替え期間は、市営住宅、学校、その他公共施設の三つに分けています。そして各々長寿命化を図ることで、50年から70年、45年から80年、35年から60年に延

表4-1 川崎市公共施設の建て替え期間

	従来	長寿命化
市営住宅	50年	70年
学校	45年	80年
その他	35年	60年

出所：川崎市「かわさき資産マネジメントカルテ」より作成。

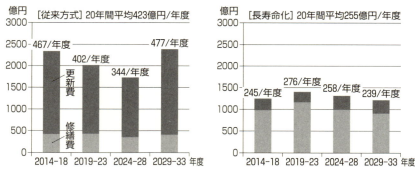

図4-2 長寿命化による経費削減効果（川崎市）
資料：「かわさき資産マネジメントカルテ」より作成。

ばすとしています（表4-1）。その結果、従来方式ですと20年間の平均で年間423億円だった費用が、255億円まで削減できるとしています（図4-2）。図4-2を見ると分かりますが、更新費が大幅に減り、維持管理費が増え、トータルでは約40％の削減になっています。

3節で触れますが、公共施設を急いで建て替える必要は全くありません。適切な維持管理を行い、建て替え期間をできるだけ延ばし、長く使い続けるべきです。もちろんその前提として耐震改修、バリアフリー改修はしなければなりません。現在の公共施設等総合管理計画では60年から80年ぐらいの建て替え期間を想定していますが、100年以上使っても全く問題ありません。現在の建設技術では十分可能です

し、ヨーロッパでは 100 年以上使っている建物がたくさんあります。

予防保全型維持管理

　政府は「予防保全型維持管理」を提案しています。これは「損傷が軽微である早期段階に予防的な修繕等を実施すること」です。たとえば適切な防水をせずに放置しておくと、雨水が建物内に入り込み、雨漏れとなります。雨漏れが起こるような状態になりますと、建物の内部では木が腐ったり、鉄筋が錆びたりします。そのような状況になってから修理すると大規模な工事になります。そうではなく、定期的に防水工事を行い、雨水が建物の中に入り込まないようにするのが予防保全型維持管理です。

　考え方は健康と同じです。自覚症状が出てから医者に行くと、治療に時間がかかったり、治療費も高額になったりします。場合によっては、命を失う場合もあります。そうでなく自覚症状がなくても、日常的に健康診断を受け、早期発見を心がけることが重要です。先の例ですと自覚症状が雨漏りになります。

　このような予防型維持管理を適切に行えば、建物に重大な損傷を与えず、建て替え期間を長くすることができ、同時に重大な事故を防ぐこともできます。

維持管理が容易な施設計画

　これも政府が提案していることです。建物には構造上重要な柱、梁などと、構造的にはさほど重要でない間仕切り、天井などがあり、さらに空調や水回りなどの設備もあります。一般的に、設備関係の耐用年数はそれ以外の耐用年数ほど長くありません。そのため、建物は長く使いつづけたとしても、設備関係についてはそれよりも早く更新する必要があります。そこで公共施設を建てる場合、あらかじめ耐用年

数が短い部分については、容易に更新できるように計画しておくべきです。

また、間仕切りなどを比較的容易に変更できるようにしておくと、建物の用途を変えやすくなります。

このようなことを配慮して公共施設を計画しておけば、維持管理費を抑えることができます。

地元中小建設業の維持管理力向上

維持管理を適切に進めるためには、維持管理を担える技術者、企業の育成が必要です。日本の場合、公共施設に限らず、新築に関する技術の蓄積は積極的に進めてきましたが、維持管理については十分な技術の蓄積が進んでいません。新築の場合ですと、あらかじめ部材などは工場で作成し、現場での作業を減らしています。また、各種機械を導入することで、人件費の削減も進めています。

しかし、維持管理は千差万別で、現場での判断、作業が重要となり、新築ほど簡単に規格化できません。また、工事規模が小さく、手間がかかるため、収益性は高くありません。インフラについては最先端の機器を導入することもできますが、建物ではそのような機器が活躍する範囲は少ないでしょう。

一方、新築や建て替えは、数十年以上の単位となりますが、維持管理は点検も含めると毎年のように必要です。

規模が小さく、頻度は多い、その上規格化しにくい。このような工事の特性から考えますと大手建設業の仕事というよりも、地元中小建設業が本来であれば積極的に取り組むべき分野です。地元のことをよく知っている中小建設業が、維持管理に関する技術力を高められるような取り組みを進め、その技術力が生かせるような維持管理を積極的に進めるべきです。

行政の役割

　公共施設の更新費、維持管理費の低減というと、PFI（Private Finance Initiative）や指定管理者制度など、いわゆる民間活力の導入が重視されます。この点については4節で触れますが、ここでは維持管理における行政の役割を簡単に述べておきます。

　公務員の削減が進み、特に建築、土木の技術職が減っています。かつてであれば行政内部で基本設計を行ったり、道路の保守点検をしていましたが、現在ではかなりの部分が外注になっています。しかし公共施設は市民が使うものです。行政が設計、維持管理に係わり、市民の目線で公共施設のあり方を考えるべきです。もちろんすべての業務を行政内部でするのは不可能です。しかし、市民や地域に一番詳しいのは行政職員のはずです。予算をつけて、後はすべて外注では、公共施設のあり方などを判断できる職員が行政内部にいなくなります。そうなると市民の願いとは異なる公共施設になったり、無駄な維持管理が行われたりします。

　小さな市町村が単独で専門技術者を抱えたり、技術力の向上を図るのは難しい場合もあります。そのような時は、都道府県が支援し、また近隣市町村と協力して、行政内部に建築、土木技術職を確保すべきです。

公共施設のあり方を考える三つの視点

　公共施設を考える際、いろいろな視点で考えられます。本論では公共施設の統廃合との関係で重要な視点を三つに整理し、以下で説明します。まず一つめは、利用者が減少するから公共施設の統廃合を進めるという意見について、どのように考えるべきかということです。ここでのポイントは、日常的に使う公共施設の場合、重要なのは規模よりも配置だということです。これについては2節で説明します。

二つめは、老朽化したから建て替える、統廃合するという意見について、どのように考えるべきかということです。公共施設の多くは高度経済成長期に建てられており、そろそろ耐用年数を迎えるといわれています。これについてはすでに述べたように長寿命化を図るべきですが、そもそも公共施設の建て替えや移転についてどう考えたらいいのかを 3 節で説明します。

三つめは、民間活力の導入をどう考えるべきかということです。民間活力を導入する理由は三つありますが、身近な公共施設との関係で重要なのは、民間に任せた方がコストが下がる、民間の方が市民ニーズに敏感だということです。この点をどう考えるべきかを 4 節で説明します。

注
1　愛知県「愛知県公共施設等総合管理計画」2015 年 3 月。
2　川崎市「かわさき資産マネジメントカルテ」2014 年 3 月。
3　インフラ老朽化対策の推進に関する関係省庁連絡会議「インフラ長寿命化基本計画」2013 年 11 月。
4　公共施設の基本を学ぶためには、森裕之著『公共施設の再編を問う』自治体研究社、2016 年 2 月が参考になります。

2　公共施設と生活圏との関係
── 「利用者の減少→統廃合」はなぜ誤りなのか

大阪府八尾市の公立保育所・幼稚園統廃合計画

全国的に、公立保育所と公立幼稚園を統合して認定こども園を設置する動きが進んでいます。ここではその典型として、大阪府の八尾市と泉佐野市を取り上げます。

4章 公共施設のあり方を考える *67*

表4-2 八尾市就学前施設数の変化

	2014年		2021年（計画）	
	公立	私立	公立	私立
保育所	7	28	0	7
幼稚園	19	6	0	
認定こども園	0	3	5	31
計	26	37	5	38
総計	63		43	

出所：八尾市「認定こども園の整備に係わる市の考え方について」より作成。

　八尾市は大阪府の東部に位置する人口26万8000人の衛星都市です。八尾市は2012年12月、「幼保一体化の推進について」を発表しました。これは公立保育所と公立幼稚園を統合し、幼保一体化施設を設置するという内容でした。そして2016年1月に「認定こども園の整備に係わる市の考え方について」を発表しました。ここで示したポイント以下の三つです。

　一つめは、公立保育所7か所と公立幼稚園19か所を統廃合し、公立認定こども園5か所を設置すること。二つめは、公立認定こども園、私立認定こども園を就学前施設の基本とし、それらを各中学校区に1か所以上配置すること。三つめは、公立認定こども園の基本的な定員を243人にしたことです。

　2014年時点で八尾市の就学前施設は公立保育所・幼稚園が26か所、私立保育所・幼稚園・認定こども園が37か所、計63か所あります。それが2021年には公立認定こども園が5か所、私立認定こども園が31か所、私立保育所・幼稚園が7か所、計43か所になります（表4-2）。ちなみに小学校は28か所、中学校は15か所です。

表4-3　泉佐野市就学前施設数の変化

	2012 年		完成年 *	
	公立	私立	公立	私立
保育所	6	14	0	6
幼稚園	4	2	0	2
認定こども園	0	0	3	8
計	10	16	3	16
総計	26		19	

* 完成年は明記されていません。
出所：泉佐野市「泉佐野市こども園構想」より作成。

大阪府泉佐野市の公立保育所・幼稚園統廃合計画

　泉佐野市は大阪府の南部に位置する人口 10 万人の都市です。泉佐野市は、2012 年 9 月「泉佐野市こども園構想」を発表しました。この構想で、市内にある公立保育所 6 か所、公立幼稚園 4 か所を統廃合し、3 か所のこども園を設置するということが発表されました。

　2012 年、泉佐野市には公立保育所が 6 か所、公立幼稚園が 4 か所、私立保育所が 14 か所、私立幼稚園が 2 か所、計 26 か所ありました。2016 年で私立保育所は 6 か所、私立幼稚園は 2 か所、私立認定こども園は 8 か所です。私立の数に変化がなければ、市の計画完成後は、公立認定こども園が 3 か所、私立保育所が 6 か所、私立幼稚園が 2 か所、私立認定こども園が 8 か所、計 19 か所になります（表 4-3）。ちなみに小学校は 13 か所、中学校は 5 か所です。

　泉佐野市はこども園化を進める前から公立保育所の民営化を進めていました。このときの方針は、各中学校区に 1 か所の公立保育所を残し、それ以外は民営化するとしていました。

大阪府豊中市の小中学校統廃合計画

　就学前施設としては、保育所と幼稚園を統廃合して認定こども園を

4章　公共施設のあり方を考える　*69*

表4-4　豊中市小中一貫校による変化

	現　状	構　想
小学校	6	0
中学校	3	0
小中一貫校	0	2
計	9	2

出所：豊中市「庄内地域における魅力ある学校づくり
構想について」より作成。

設置していますが、小学校と中学校を統廃合して小中一貫校を設置す
る動きも進んでいます。小中一貫は教育改善の方法として提案された
ものですが、学校統廃合の方法としている自治体もあります。

　豊中市は大阪市の北部に位置する人口39万人の中核市です。豊中
市は子どもの数が減少している豊中市南部・庄内地域を対象に小中一
貫教育を提案しています。庄内地域には、中学校が3校、小学校が6
校あります。この9校を2校の小中一貫校に統廃合する構想です（表
4-4）。

　新たにできる2校の小中一貫の児童、生徒数は1132人と1086人
です（小中学生の合計）。整備する場所は両校とも現在の小学校敷地
のため、校舎は両校とも5階建てです。現在それらの小学校に通って
いる児童数は231人、351人ですから（2015年）、豊中市も「敷地面
積がやや狭く、1000人以上の子どもたちが安全に生活できるように
工夫する必要がある」と書いているように、かなり過密な計画です。
なぜ子どもが減っているのにここまで過密にしなければならないのか
理解できません。

　廃校になる小学校で、最初にできたのは1873（明治6）年設立、一
番新しい小学校で1966年、それ以外の3校は1950年代、もう1校は
1960年代です。長い学校では140年以上、新しい学校でも50年間、

地域とともに歩んできました。六つの小学校区が二つの小学校区になりますが、六つの小学校区の人口は4万6393人、基礎的なコミュニティ組織も小学校区で設置されています。コミュニティ組織をどうするのかという方針はありませんが、仮に新たな小学校に対応してコミュニティ組織を再編すると、2万人を超えてしまいます。そのような人口で基礎的なコミュニティ組織を作るのは無理でしょう。コミュニティ組織を再編しない場合は、コミュニティ組織と小学校区が対応しません。小中一貫校ができると、コミュニティ組織と学校の関係が希薄になるのは避けられません。

公共施設の整備は規模ではなく配置を優先させる

　八尾市、泉佐野市に限らず、子どもが減るから、保育所や幼稚園を統廃合するという自治体が多数あります。確かに子どもの数は減りますが、何を根拠に、どの程度、減ると予測しているかが重要です。将来人口については、各自治体が作成している人口ビジョンの数値を使うべきです。この点については3章3節を参照してください。

　さて、公共施設の整備をどう進めるか、その原則を確認します。まず一点目は、公共施設の内容を決めることです。公共施設には保育所や学校のように日常的に利用するものから、救急救命センターのように高度な内容を必要とするものまでさまざまです。市民生活を支えるためにはどのような公共施設が必要かを、まず考えなければなりません。ただし、本書で対象とした統廃合との関係では、保育所や学校が不要という議論になっているわけではないため、これ以上触れません。もちろん認定こども園や小中一貫の問題はありますが、本書のテーマではないため、別書を参照してください。

　二点目は、それら公共施設の配置です。保育所や幼稚園のように公共施設の内容が決まった場合、次に重要なのは、それら施設の規模で

はなく、施設の配置です。公共施設は、文字通り公共サービスを提供する施設であり、採算を基準に配置するものではありません。民間の商業施設ですと、人口が半分に減ると、商業施設の採算を取るために施設数を半分にすることもあります。見方を変えると、その商業施設の商圏を2倍にしないと、従来の施設が維持できないということです。

　ところが公共施設の場合は前提が異なります。公共施設はそれが存在しなければ生活が成立しません。しかも、市場ベースではすべての国民が必要なサービスを受けられないため、税金を使って公共施設を整備しているわけです。そのため、重要な点は、どこに住んでいても同じようなサービスを受けるようにするということです。公共施設の「適正」規模をあらかじめ定め、利用者が減るから施設数を減らし、「適正」規模を維持するというのは誤りです。保育所、幼稚園、学校のように子どもが日常的に使う施設は、原則として徒歩で通えるように、まず適正距離を決めなければなりません。それがいわゆる校区と呼ばれているものです。子どもが半分になったから「適正」規模を維持するために、校区を2倍にするというのが統廃合の考えです。しかし、子どもが半分になっても、子どもの行動範囲が2倍に広がるわけではありません。子どもが半分に減ると2倍のスピードで歩き、4分の1になると4倍のスピードで歩くわけではありません。統廃合に対して、保護者から不便になるという声が出されますが、それは正論です。公共施設の場合、使いやすさを最優先しなければならず、日常的に使う施設の場合、徒歩でアクセスできる範囲を基本に考えるべきです。

就学前施設の配置

　子どもに係わる施設配置についてはおおよその目安があります。利用範囲が大きいのは中学校で、利用範囲は中学校区になります。一つの中学校区内には、原則として二つの小学校があり、小学校区は二つ

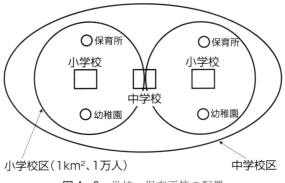

図4-3　学校・保育所等の配置

になります。各々の小学校区には、一つの幼稚園と一つの保育所を配置します（図4-3）。多くの幼稚園と保育所は校区を設定していません。しかし考え方としては、その小学校区内の子どもは同じ小学校区内の幼稚園か保育所に通えるようにしています。もちろんこれは原則です。一つの小学校から二つの中学校に進学する場合もありますし、遠くの幼稚園に通う場合もあります。

　まちづくりでは小学校区が重要な意味を持ちます。都市部では一小学校区の大きさは約1km²、人口は約1万人です。これがコミュニティの基礎単位となり、町内会や婦人会、老人会なども小学校区を単位に設置される場合が多くなっています。この小学校区をまちづくりでは近隣住区と呼びます。何十万、100万人以上の大都市であっても、この近隣住区が基礎単位になります。生物でいうと細胞のようなものです。幹線道路等を整備する場合も、近隣住区内を縦断しないように計画し、子どもを含めた市民が近隣住区内を徒歩で移動できるように考えています。

　「1中学校＝2小学校＝2保育所・2幼稚園」が基本ですが、施設内容については時代とともに変化します。最近では女性の社会進出が進

み、保育所の需要が増えています。そのため、1小学校区内に、1保育所・1認定こども園、もしくは2保育所・1幼稚園という組み合わせになるかもしれません。この組み合わせは地域の実情に応じて柔軟に判断したらいいと思います。

就学前施設は小学校区を基本に考える

　八尾市や泉佐野市の統廃合で大きな問題は、保育所や認定こども園の配置を中学校区で考えていることです。人々の日常的な行動範囲は年齢とともに変化します。生まれたときはベッドの上だけ、次第に部屋、家の近所へと広がり、小学校入学と同時に小学校区まで広がります。そして中学校に入学すると中学校区に、高校以降はさらに広がります。大学入学、就労すると、都市圏レベルまで広がりますが、定年退職すると狭くなり、介護が必要なときになると、再び小学校区程度、場合によっては部屋単位まで小さくなります。

　常識的に考えると就学前施設を設置する場合、小学校区より狭い範囲にしなければなりません。たとえ保護者とともに行動する場合であっても、その範囲は重要です。子どもが認識し、行動する範囲を、年齢とともに部屋、家、隣近所、地区、地域と徐々に広げるべきです。

　先に見たように、就学前施設は原則として小学校の2倍、需要が増えている最近の状況を考慮しますと小学校の3倍程度設置すべきです。ところが、八尾市と泉佐野市で施設数の変化を見ますと反対になっています。八尾市の場合、統廃合前は小学校が28か所、就学前施設は63か所で施設数としては望ましい水準だといえます（小学校数の2.25倍）。ところが統廃合によって、就学前施設が43か所に減ります（同1.54倍）。泉佐野市も同様です。統廃合までは小学校が13か所、就学前施設は26か所でした（同2倍）。ところが統廃合によって就学前施設が19か所に減ります（同1.46倍）。

日常的に使う公共施設は小学校区単位で整備すべき

　就学前施設に限らず、市民が日常的に使う公共施設は、小学校区を基本に配置すべきです。たとえば、子どもが使う保育所、幼稚園、小学校、学童保育、地域の人が使う公園、スポーツ施設、公民館（公民分館）、町内会館、高齢者に関係するデイサービス、介護予防施設、ヘルパーステーション、地域包括支援センター、グループホーム、そして障害者通所施設などは、小学校区を基本に整備すべきです。

　小学校区を基本にする理由は以下の三つです。一つめは、日常的な行動は徒歩を原則にするからです。徒歩で無理なく移動できるのは小学校区程度です。二つめは、市民が同じ目線で議論できる範囲ということです。市民が地域として認識できる範囲はさほど広くありません。市民参加でまちづくりを進めるべきですが、地域で市民がまちについて共同で議論できる範囲はおおよそ小学校区程度です。小学校区程度であれば、地名を上げればだいたいイメージが浮かびます。三つめは、歴史的に見て小学校区を単位にさまざまなコミュニティ組織が形成されてきたからです。公共施設はハード面の整備ですが、それを利用する地域コミュニティと一体で考えるべきです。

　厚生労働省は高齢者の日常生活圏をおおよそ中学校区とし、地域包括ケアも中学校区単位で考えています。子どもの生活圏は小学校区、高齢者は中学校区となっています。中学校区では広いこと、高齢化が進むと中学校区では対象となる高齢者が多すぎること、コミュニティの基礎単位とずれていることなどを考慮しますと、小学校区にそろえた方がいいと思います。

少子化対策を進めれば統廃合は不要

　先に見た泉佐野市、豊中市とも 2015 年 10 月に人口ビジョンを策定しています（表 4−5）。そこで示された目標ですが、泉佐野市の場合、

4章　公共施設のあり方を考える　*75*

表4-5　将来人口予測（0歳〜14歳）

	2010 年	2040 年	2060 年
泉佐野市	14,793	14,559	15,846
豊中市	53,976	47,191	—

出所：各市人口ビジョンより作成。

　14歳以下の人口はしばらく減少しますが、2020年以降は増加に転じ、2040年にはほぼ現時点まで回復し、2060年では1万5846人と、現時点の7%増になります。豊中市は他市に比べて出生率の回復をかなり低く見ています。そのため14歳以下の人口は減少し続けますが、それでも2040年で4万7191人、現時点より13%の減です。八尾市は14歳以下の人口を示していないため、ここでは検討しません。

　少子化対策は最優先の課題です。自ら作成した人口ビジョンが達成できますと、泉佐野市の場合は14歳以下の人口が現時点より増えますし、豊中市でも慌てて学校を統廃合するほどの減少率ではありません。統廃合を検討するよりも、人口ビジョンをどう達成するのかを真剣に議論し、子どもが増え、統廃合しなくてもいい地域を創るべきです。

　もちろん例外的とはいえ、保育所や小学校の統廃合を検討せざるを得ない地域もあると思います。その場合でも、少子化対策を本格的に進めることで、その地域で将来、子どもが増える可能性を想定しておくべきです。高齢者用のデイサービスやグループホームなどは空き家や空き地を活用することで整備できます。しかし小学校は広大な面積が必要です。廃止して、跡地を売却してしまうと、将来、子どもが増えても適切な場所に小学校用地を確保するのはほぼ不可能です。小学校や保育所を統廃合する場合、それは一時的な措置とすべきです。校舎や校庭はコミュニティスペースとして暫定利用し、人口ビジョンが

達成でき、子どもが増えたときは再び小学校として再利用できる可能性を担保しておくべきです。現世代の判断だけで、将来の世代に大きな困難を残すのは避けるべきです。

日本の「適正」規模は前提がおかしい

保育所や小学校の統廃合を進める理由は「適正」規模です。ただこの「適正」には根拠がありません。文部科学省は12学級〜18学級が小学校の「適正」規模だとしています。そのため、自治体は12学級未満の小学校を統廃合の一つの基準にしています。ただしその前提となる1クラスの規模が適正とはいえません。文部科学省の資料によりますとデータがあるOECD加盟27か国中、日本は最下位から2番目で28.0人です（図4-4）。日本よりクラス規模が大きいのはチリ（29.3人）だけで、OECD加盟国の平均は21.2人です。

児童数の減少に対応して統廃合するわけですが、その結果、先進国で最も過密なクラス人数が改善されずに放置されます。児童数が減るのであれば、統廃合よりもクラス人数をせめてOECD平均程度まで引き下げる方を優先すべきです。統廃合するよりもよほど簡単に実施でき、反対する人もほとんどいないでしょう。豊中市のように今から1000人規模の学校を造るのは、時代錯誤としかいえません。

もちろん中には子ども集団がかなり小さくなる保育所、学校もあります。その場合でも、できる限り地域に保育所や学校は残し、運用面で子ども集団を確保すべきです。たとえば火曜日と木曜日は3保育所が合同で保育を実施する、体育やクラブ活動を2学校が合同で行うなどです。小中一貫を実施している1130校のうち、施設一体型は13%です。施設分離で小中一貫教育を実施しているぐらいですから、複数の保育所、幼稚園、小学校、中学校が運用の工夫によって必要に応じて児童、生徒集団を確保するのは十分可能でしょう。

4 章　公共施設のあり方を考える　77

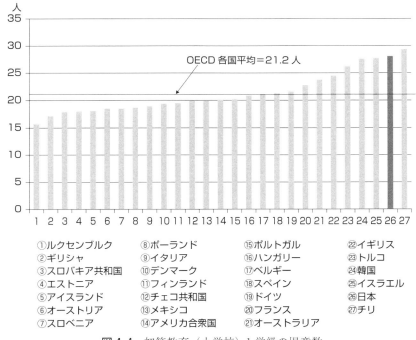

図 4-4　初等教育（小学校）1学級の児童数
出所：文部科学省「教育指標の国際比較平成 25（2013）年版」より作成。

　また、人口が減るため財政的理由から統廃合を主張する人がいます。しかし、初等・中等教育等に対する公費負担の割合（対 GDP 比）は 2.7％です。数値が公表されている OECD 加盟 32 か国中、日本は後ろから 2 番目です（図 4-5）。本気で少子化対策を進めるのであれば、もう少し子どもに対する公費負担を増やすべきです。

公共施設の統廃合は市民生活と地域を破壊する
　市民生活は公共施設を使うことで成立しています。しかも日常的に使う公共施設は、日常的に使える場所に必要です。「適正」規模を維

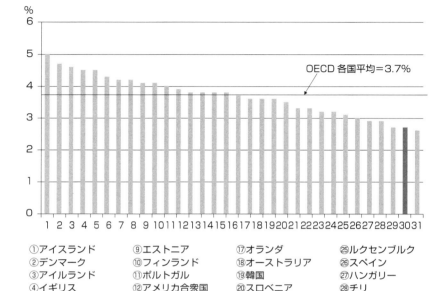

図4-5 国内総生産（GDP）に対する学校教育費（小・中学校等）の比率（公費負担）
出所：同前。

持するなどという理由で公共施設の統廃合を進めますと、非常に不便な生活を強いられるか、場合によっては生活が成り立たなくなります。その結果、「人口減少→統廃合→生活が不便→便利なところに転居→人口減少」という悪循環に陥ります。

　日常的に使う公共施設は小学校区を単位に整備するのが基本です。公共施設の統廃合でそこが崩れかけています。これは市民生活と地域を破壊するものといわざるを得ません。

　特に小学校の統廃合は避けるべきです。子どもと地域にとって小学

校区は最も重要な単位です。先に見た豊中市の場合、一番新しい小学校でも50年間、地域の拠点的な役割を果たしてきました。このような施設を簡単に廃止すると取り返しのつかない事態を招きます。地域コミュニティ組織が弱くなって問題とされていますが、そのようなときにコミュニティの単位を変える、小学校区との関係を変える、このようなことをするとコミュニティの力がますます弱まります。

　小学校区はまちの基本単位です。現時点ではそれを変えなければならないほどの事態ではありません。にもかかわらずその基本単位を変えてしまいますと、事態はかえって悪化し、少子化に歯止めがかからなくなります。また、高齢者が安心して自宅で暮らし続けるのも夢におわるでしょう。

公共施設の不足が公共施設を巡る最大の課題

　公共施設を巡る中心的問題は施設の不足です。人口ビジョンを達成するためには子育て支援施設が明らかに不足しています。また、2025年までに高齢者関係の施設、サービスを拡充しなければ介護難民があふれかえります。子ども、高齢者、障害者、どの分野をとっても公共施設が不足しています。ここに公共施設を巡る最大の課題があり、公共施設の統廃合は例外的課題です。

　統廃合計画などを考える時間的、予算的余裕があるのであれば、増えている空き家なども活用して必要な公共施設の整備を計画的に進めるべきです。

　なぜ統廃合が中心課題になるのでしょうか。現状認識がおかしいと思います。そんな認識では人口ビジョンが達成できないし、2025年以降の超高齢化社会が乗り切れないでしょう。きめ細かな少子化対策、高齢者介護を進めるためには、小学校区単位で公共施設を計画的に整備すべきです。

コンパクトシティと生活圏の関係

　最後にコンパクトシティと公共施設の関係に触れておきます。コンパクトシティを進める立地適正化計画では、都市機能誘導区域を定めます。都市機能誘導区域は駅の周辺などに設定される傾向にあります。都市機能誘導区域に商業施設や公共施設等を誘導、集積し、周辺の住宅地と公共交通で繋ぎ、市民生活を成り立たせるとしています。

　商業施設については、駅周辺など人々が集まる地区に集積させ、公共交通を整備する意味はあります。自動車交通を前提とした郊外の大型ショッピングセンター誘致よりは遙かに望ましいでしょう。

　しかし公共施設については慎重に考えるべきです。立地適正化で進めるコンパクトシティと小学校区は全く関係がありません。小学校区と関係なく公共施設の集積を進めると、市民生活にとってはマイナスになる場合があります。

注
1　八尾市「幼保一体化の推進について」2012 年 12 月。
2　八尾市「就学前施設における教育・保育と子育て支援計画」2015 年 8 月。
3　八尾市「認定こども園の整備に係わる市の考え方について」2016 年 1 月。
4　泉佐野市「泉佐野市公立保育所の今後の役割と民営化について」2006 年 3 月。
5　泉佐野市「泉佐野市こども園構想」2012 年 9 月。
6　小中一貫については、文部科学省「小中一貫した教育課程の編成、実施に関する手引き」2016 年 12 月、小中一貫の実態については、文部科学省「小中一貫教育等についての実態調査の結果」2015 年 2 月。
7　豊中市「庄内地域における魅力ある学校づくり構想について」2016 年 2 月。
8　文部科学省「教育指標の国際比較、平成 25 年版」。
9　学校統廃合については以下の web サイトが参考になります。
「地域住民の立場から学校統廃合問題を考えるサイト」
http://www.kantendokoro.com/

3　公共施設の歴史的意味
──「老朽化→建て替え」はなぜ誤りなのか

大阪府東大阪市の公共施設再編整備計画

　東大阪市は大阪市の東部に位置する人口50万人の中核市です。東大阪市は国の公共施設等総合管理計画に先立ち、2013年11月に「東大阪市公共施設マネジメント推進基本方針」と「東大阪市公共施設再編整備計画」を策定しました。基本方針で「適切な維持管理による公共施設の長寿命化の実現」「社会情勢の変化を踏まえた公共施設の総量縮減」「民間との連携による効率的、持続可能な市民サービスの提供」の三つを定め、再編整備計画でその具体化を検討しています。

　再編整備計画で対象としている公共施設は12です。内容はやや複雑ですが、おおよそ以下のようになっています。建て替え2件（従前用途での利用1件、別の用途での利用1件）、改修2件（従前用途での利用1件、別の用途での利用1件）、用途を変更してそのまま利用1件、撤去して民間施設誘致2件、未定5件（公共施設として使う予定はなし）。

　その後、政府から公共施設等総合管理計画の策定が指示されたため、2015年12月に「東大阪市公共施設等総合管理計画」を策定しています。これは先の基本方針を踏まえ、公共施設全般、インフラも対象にした計画です。ただ、公共施設等総合管理計画では数値目標などは示されず、具体的な再編は先に策定された再編整備計画に基づいて進んでいます。

再編整備計画の特徴

　公共施設再編整備計画、公共施設等総合管理計画から東大阪市の特

徴は以下の４点にまとめられます。まず一点目は、公共施設の「総量縮減」に重点が置かれていることです。再編整備計画の対象は12件、そのうち撤去して民間施設を誘致するのが２件、公共施設として使い続ける予定のないのが５件あり、半数を超えて縮減されます。一部には統合した学校跡地等に移転される公共施設もありますが、再編計画の主眼は公共施設の統合にあるといっていいでしょう。東大阪市は３章２節で見た分類では静岡市、長野県松川村と同じで削減型自治体です。静岡市と松川村は先に公共施設とインフラに分けるのでなく、基本的な方針を「総量資産の適正化」「長寿命化の推進」「民間活力の導入」にまず分け、その各々で公共施設とインフラで方針を別々に示していました。東大阪市も「長寿命化」「総量縮減」「民間との連携」にまず分け、その各々について、公共施設とインフラで方針を示しています。順番は異なりますが内容はほぼ同じです。ちなみに「総量縮減」の対象は公共施設のみで、インフラは対象外です。

　二点目は、長寿命化とはほど遠い内容ということです。東大阪市の基本方針でも長寿命化が明記されていましたが、再編整備計画で改修して利用し続ける施設は12件中２件であり、長寿命化を主眼に置いた計画ではありません。後でも見ますが撤去・新築になっている旭町庁舎は1964年竣工の建物であり、耐震基準を満たしていません。しかし、2008年の耐震診断では、耐震改修をした場合３億2000円程度の経費になると試算されていました。どのような建物を新築するかはわかりませんが、耐震改修の方が安くなるのは間違いありません。

　三点目は、公共施設の歴史性を無視した計画になっているということです。例えば撤去と計画された旭町庁舎は坂倉準三建築研究所の設計（担当：西澤文隆・東孝光）です。坂倉準三は世界遺産に指定されたコルビジェの弟子であり、旭町庁舎はコルビジェの手法を取り入れたモダニズム建築の代表的な庁舎建築です。そのため建築関係者の評

価も高いのです。東大阪市が 2005 年に策定した「東大阪市景観形成基本計画」でも「谷岡記念館や旭町庁舎など近現代の歴史的な価値のある建物が市街地にあります」としています。このよう建物としての歴史的価値を踏まえていません。また、東大阪市立郷土博物館は交通不便という理由で、移転・統合とされました。この博物館は生駒西麓にある山畑古墳群の中にあります。博物館の敷地内にも古墳があり、その時代の出土物を展示しています。郷土博物館は古墳と一体であることに意味があり、単に不便だからという理由で移転させると、博物館と古墳の一体性が消滅します。

　四点目は、市民の意向を踏まえずに、行政が一方的に計画を決めたことです。

公共施設の歴史的意味を問い直す

　このような再編整備計画に対して、東大阪市職員労働組合や市民等が計画の問題点を検討し、その対案づくりに取り組みました。その成果としてとりまとめたのが「価値あるものがもっと輝く素敵な街へ」です。これは公共施設や民間施設を市の歴史の中に位置づけ、各施設の改善を通じて、東大阪市の歴史的価値をさらに高めようとした提案です。公共施設との関係では以下三つの特徴があります。

　一点目は、市の歴史を振り返り、公共施設がその場所に立地する意味を検討したことです。再編整備計画はある施設機能と他の施設機能を別の施設に移して統合し、元の二つの施設を廃止するなどというパズルのような計画になっています。上述の郷土博物館はその場所にあってはじめて価値を発揮できます。ところが市の計画では、別の場所にある埋蔵文化財センターと統合し、現在の介護老人保健施設に移すといいます。そこには何の哲学も見いだせません。そもそも個室形式の福祉施設に博物館機能を移転させ、どのような空間利用にするつ

もりでしょうか。それに対して、郷土博物館が古墳群の中に立地している意味を改めて考え、古墳時代の河内湖を追体験できるような仕組みを提案しています。入館者を増やすため便利な場所に移せばいいというのではなく、立地を継続させることで、市民に新たな価値を提供でき、入館者を増やす保障にも繋がります。

　二点目は、公共施設そのものの歴史的価値を再評価したことです。東大阪市内には築数十年以上の公共施設が現存しています。それを老朽化ととらえるのではなく、歴史的価値の凝縮としてとらえ直しています。旭町庁舎は歴史的に価値のある建物と各方面から指摘されていました。同時に、再編整備計画では廃止となっていた旧永和図書館、旧布施市民病院も歴史的建物として重要であり、耐震改修することで、建物を使い続けることができ、新たな価値を地域にもたらす可能性があります。古くなれば解体するのではなく、適切な改修を施し、積極的に継承すべきです。

　三点目は、公共施設の価値を市民、周辺との関わりでとらえたことです。公共施設の価値は単に建物、立地で決まるものではありません。その価値は周辺の建物やそれに関わる人々の営みで維持されている場合が多いでしょう。東大阪市には江戸時代に建てられた鴻池新田会所があります。現在は東大阪市が所有し、郷土資料館として一般公開されています。鴻池新田会所は建物や庭園としての価値だけでなく、周辺に現存する町家やお祭りと一体で歴史的な価値を維持しています。歴史的な建物だから飾っておくのではなく、市民がさまざまな行事で鴻池新田会所を使っています。公共施設の価値は、市民のさまざまな関わりも含めて評価すべきであり、そのような関わりを発展させることが、公共施設の価値を高めることになります。

公共施設の歴史的価値を発展させる

　いったん公共施設を造ったら、未来永劫、そこで使い続けなければならないというのではありません。しかし、安易な移動を考える前に、なぜ公共施設がそこにあるのかを問い直すべきです。その公共施設がそこに立地しているのにはさまざまな理由があります。その場所に立地しているから意味がある公共施設もたくさんあります。その場合、その立地を前提とし、その上でこれからの施設運営を考えるべきです。

　また、公共施設は地域の人々が使い続けてきた建物です。そこにはさまざまな思いが詰まっています。駅、学校、庁舎、それらを老朽化、耐用年数などという言葉でつぶすのではなく、地域のシンボルとして使い続けることが重要です。歴史的な風雪に耐えた公共施設は人々とその地域を結ぶ貴重な役割を果たします。

　さらに、公共施設が立地するとそれと関係してさまざまな取り組みが展開されます。その公共施設を利用するさまざまなグループ、そこを利用する人を対象とした飲食店等々です。公共施設は公共的な建物であり、さまざまな市民が関わりを持ちます。公共施設はそのような関わりの中で存続してきました。安易な閉鎖、移転はそれらの関わりを一気に断ち切ります。公共施設との関係で展開されてきた地域の歴史的な営みを評価すべきです。

注

1　東大阪市「東大阪市公共施設再編整備計画」2013 年 11 月。
2　東大阪市「東大阪市公共施設マネジメント推進基本方針」2013 年 11 月。
3　東大阪市「東大阪市景観形成基本計画」2005 年 11 月。
4　東大阪市「東大阪市公共施設等総合管理計画」2015 年 12 月。
5　東大阪まちづくり研究会「価値あるものがもっと輝く素敵な街へ」2014 年 12 月。

4　公共施設を誰が、どのように運営すべきか
── 「市民ニーズに応える→民間活力導入」はなぜ誤りなのか

民間活力を導入する三つの理由

　公共施設の整備、運営に民間活力を導入する傾向が強くなっています。公共施設等総合管理計画でもほぼ例外なく、民間活力の導入が書かれています。ただし民間活力の導入という場合、大きく三つの理由があります。

　一つめは、行政改革の一環で進めるという場合です。民間に任せた方が安くできる、公務員数が削減できるというわけです。二つめは、市民ニーズに応えるためです。自治体が運営するよりも、民間が運営した方が市民ニーズに敏感だという理由です。行政が自らこのようなことを理由にするのはどうかと思います。三つめは、新たな市場を育成するという理由です。従来、行政が担っていた分野のうち、収益が上がる分野については民間に開放し、民間の新たな収益源として育成しようというのです。

　もちろんこれら三つの理由は別々ではありません。公共施設の内容によってはすべてを理由にする場合もありますし、一点目と二点目を重視する場合もあります。また本書で取り上げた公共施設の場合、一点目と二点目が理由の中心になるため、それを以下で考えます。

まず資料をきちんと読むこと

　まず一点目の理由を考えます。民間の方が安いという理由ですが、これについては内容の前に、まず行政が公表している資料をきちんと読み取ることが重要です。市民が誤解してしまいそうな情報がたくさんあるからです。

表4-6 公立保育所と私立保育所の財政負担（守口市）

施設区分	園児数 （人） ※	運営費 （年額）	市負担 （A）	国・府負担 （特定財源） （B）	園児1人 当たりの 公費負担 （A＋B）
					【保育所における園児1人当たりの公費負担額比較】（平成25[2013]年度決算） 単位：円
市立保育所	1,120	1,897,640	1,717,244	0	1,717,244
私立保育園	1,332	1,141,827	443,874	489,914	933,788

注：園児数は、月により変動があるので平均人数とした。

出所：守口市「守口市の市立幼稚園及び市立保育所に係る再編整備に関する基本計画」より転載。

　大阪府守口市は2015年11月に「守口市の市立幼稚園及び市立保育所に係わる再編整備に関する基本計画」を発表しています。守口市はその中で民営化する理由を「私立幼稚園や私立保育園では、市立の幼稚園や保育所と比較して運営コストが低く、しかも柔軟な運営を通じて多様なサービスを提供してい」るからだと説明しています。その根拠として、保育所における園児一人あたりの公費負担額を示しています（表4-6）。そして「市立保育所と私立保育園の園児一人当たりの公費投入額は、市立が私立の2倍前後となっています」と書いています。この数値の意味を正確に理解しないと、「公立保育所の場合、守口市は子ども一人あたり年間171万円も負担しているのか」と思い込んでしまいます。これは間違いです。

　表4-7は大阪府交野市が公表している資料です。交野市の資料によりますと公立保育所に通う子ども一人当たり、交野市が負担している年額は67万円です。守口市の39％です。あまりにも差がありすぎます。

　これだけの差が出ている理由は二つです。まず一つめですが、タイトルを見てください。守口市は「公費負担」で、交野市は「市負担」

表 4-7　公立保育所の財政負担（交野市）

公私立施設に係る市負担の状況（平成 26［2014］年度決算） ■公立保育所（3 園）					単位：円
定員数		350 人	延べ園児数		4,463
歳出	給料	154,619,495	歳入	保育料	86,468,150
	職員手当等	77,608,810		地方交付税	195,000,000
	報酬	80,721,301			
	共済費	45,849,791			
	賃金	94,200,946			
	その他	80,575,206			
計		533,575,549	計		281,468,150
市負担（歳出 − 歳入）		252,107,399	1 人あたり月額		56,488
1 園あたり市負担		84,035,800	1 人あたり年額		677,860

出所：交野市「交野市幼稚園児営化第 1 回検討委員会資料」より転載。

となっています。ここでいう「公費負担」は、国、都道府県、市町村が見かけ上、負担している総額のことです。公立保育所の運営費は市町村が100％負担し、私立保育所の運営費は国、都道府県、市町村が負担します。当然、見かけは公立保育所の市町村負担が大きくなります。しかし表4－7の歳入欄には、「地方交付税」という欄があります。公立保育所の場合、市町村の運営費負担が大きくなるため、その分を地方交付税という形で国が負担しています。ですから交野市の場合は、この地方交付税を除いて市の実質的な負担額を計算しています。それに対して守口市は、市負担を計算するのではなく、国＋都道府県＋市町村の負担を計算しています。

　二つめの理由は、保護者が払う保育料の扱いです。交野市は実質的な市負担を計算しているため、市が徴収した保育料を引いています。ところが守口市はそうしていません。見かけの公費負担を計算する場合、守口市の計算が間違いとはいえませんが、171万円の中には、保

4章　公共施設のあり方を考える　*89*

表4-8　公立保育所と私立保育所の比較

	公立	私立
子ども一人あたり支出額（年・万円）	126	115
平均入所子ども数（人）	85	102
保育所1か所あたり支出額（年・万円）		
総額	10,010 (100)	10,848 (100)
人件費	8,522 (85)	8,089 (71)
事務費	526 (5)	950 (2)
事業費	921 (9)	1,292 (11)
減価償却費	3 (0)	501 (4)
余剰	0 (0)	515 (5)
職員平均給与（万円）	356	311
職員数（常勤換算、人）	18.3	22.1
職員平均勤続年数	13	9.4

出所：厚生労働省「幼稚園・保育所等の経営実態調査結果」より作成。

護者が支払った保育料も含まれています。

　守口市の171万円から、地方交付税と保育料を引けば、交野市の計算方法と同じになり、実質的な市の負担額が求まります。守口市の数値が嘘だとは言いませんが、市民が誤解しかねない数値だと思います。

公私間コスト差は勤続年数と人件費の差

　さて、話しを元に戻して民間の方が安い理由を考えます。厚生労働省の資料によりますと公立保育所の子ども一人当たり年間費用は126万円、私立保育所は115万円です（表4-8）。1割ほど私立保育所が安くなっています。この原因ですが、一つは児童数の違いです。1か所当たりの児童数を見ますと公立保育所は85人、私立保育所は102人です。一般的に規模が大きいほど、一人当たりの経費は下がります。もう一つは人件費の違いです。1か所当たりの支出額を見ますと、公

立保育所は1億10万円、私立保育所は1億848万円、1か所当たりの職員数（常勤換算）は公立保育所が18.3人、私立保育所が22.1人です。私立保育所の方が支出額、職員数とも多いのは、児童数が多いからです。ところが人件費総額を見ますと公立保育所は8522万円、私立保育所は8089万円で、私立保育所の方が4人ほど職員が多いにもかかわらず、人件費総額が少なくなっています。職員の給与を見ますと、公立保育所の場合は年間358万円（平均勤続年数13.0年）、私立保育所は311万円（同9.4年）です。

勤続年数と給与を引き下げることが望ましいのか

　保育所に限らず、公共施設の場合、運営費の大半は人件費です。そのためコストを下げるためには人件費を削らなければなりません。保育所の場合、私立保育所の方が安いのは、平均勤続年数が短いことと給与水準が低いからです。問題はそのような方法でコストを下げることが望ましいのでしょうか。

　1章で見たように、日本では少子化対策の充実が急務です。その際、最も重要なのは、女性の就労と育児が両立できることで、保育所の整備はその要です。ところが都市部を中心に、保育所を整備しようとしても保育士を確保できないのが現状です。いわゆる保育士不足ですが、保育士資格を持っている人が不足しているのではありません。保育士資格は持っているものの、保育所以外で働く人が多いから、保育士が不足しています。

　保育士の資格を持っている人の大半は、もともと保育士になることを希望していた人です。保育士は子どもの命を預かる仕事であり、しかも重労働です。やりがいはありますが、責任は重く、学び続けなければなりません。ところがその仕事内容に見合った給与が保障されていません。

4章　公共施設のあり方を考える　*91*

表4-9　保育士給与の現状

	年収（万円）	割　合	
全職種（男女）	489	100	
女性　　全職種	386	79	100
保育士	333	68	86

出所：厚生労働省「平成27年賃金構造基本統計調査」より作成。

　私立保育所の場合、保育士の給与は運営費から支払われます。国が保育士の給与を想定し、それとの関係で運営費を決めます。そのため、国が保育士の給与を上げるための予算措置をすれば、給与は確実に上がります。言い換えますと、国が予算措置をとらない限り、給与を上げるのは困難です。公立保育所も基本的には同じですが、実際の金額は市町村が決めるため、私立保育所より少し高くなっています。

　表4-9は他産業の給与と保育士の給与を比較したものです。全職種の平均給与は489万円です。保育士は女性の比率が圧倒的に高い分野ですが、女性保育士の給与は333万円、全職種の68％です。女性の全職種の平均は386万円で、それと比べても86％です。データが異なるため厳密な比較にはなりませんが、公立保育所保育士で女性全職種の92％、私立保育所保育士では81％です。

　保育士は、資格が必要で専門性が高く、責任も重い職業です。それに見合った給与を国が保障しない限り、必要な保育士を確保するのは難しいでしょう。

　そのような状況のもとで、市町村が保育士の給与を下げる方向に進めるのがいいのでしょうか。公立保育所保育士の給与ですら全職種の平均より低いのに、さらに低い水準に下げることが望ましいのでしょうか。人口ビジョンを作成し、少子化対策を進めようとしている市町村が、今ですら安い保育士の給与をさらに下げることでコスト削減を

進めようとしているわけです。保護者が安心して子どもを預けられるような保育所整備を進めるためには、そこで安心して働き続けられるような労働環境を整備すべきです。市町村はもう少し大局的な視点にとった改革を志向すべきです。

市民の意向を反映する一つの方法＝市場

　次に、民間活力を導入する二つめの理由、行政が運営するより、民間が運営した方が市民ニーズに敏感だという理由について考えます。市民ニーズを反映する方法は二つあります。一つは市場です。これは一般の商品やサービスのことで、市民が市場で購入することです。当然、自分が買うわけですから、ニーズに基づいています。ニーズに応えた商品はよく売れますが、ニーズに対応していない商品は売れず、淘汰されます。売る側は商品が売れるように、消費者ニーズを把握します。これが市場に基づく市民ニーズの反映方法です。

　市場は市民ニーズを反映する優れた方法ですが、留意しておかなければならない点が二つあります。一つは、市民に選択が保障されていなければならないということです。たくさんの中から市民が選択できなければ、ニーズを反映するのは困難です。気に入らなくてもそれを買わざるを得ないような状況では、競争原理が働きません。いわゆる独占の弊害です。もう一つは、格差が発生することです。一般的にいい商品は価格が高くなります。そのため、すべての人がいい商品を買えるわけではありません。所得が高いほど選択の範囲が広がり、所得が低いほど選択の余地が限られます。

市民の意向を反映するもう一つの方法＝参加

　市民に選択権がない場合、市場は機能しません。また、所得によって格差が生じるのが望ましくない場合も、市場を通じた市民ニーズの

4章　公共施設のあり方を考える　　*93*

反映は慎重にすべきです。公共施設はまさにこれに該当します。2節で見ましたが、公共施設は生活圏を基本として配置されるものです。校区が定められている小学校や中学校は選択できません。保育所や公園、公民館などは使う施設が限定されていませんが、普通は家の近くの施設を使います。

このような場合、市場に代わるニーズの反映方法が必要です。それは参加です。市民が施設運営に参加し、直接、ニーズを伝える方法です。小学校のPTAや保育所の保護者会がそれに該当します。

参加の典型は行政です。どこに住むかは選択できますが、いったんそこに住むと、その市役所が提供するサービスを使うことになります。一つの市内に複数の市役所があり、どの市役所に税金を払うかを選べるわけではありません。その代わり、選挙で市町村長を選び、市町村議会議員を選びます。また、陳情、請願をはじめ、行政に意見を伝える様々な方法が整備されています。

公共施設の特殊性

行政が公共施設を運営する場合、公共施設間で大きな違いが出ないようにします。それは同じ税金を払っている市民の間に格差を生じさせないためです。そして時代とともに全体のサービス水準を引き上げていきます。

最近、指定管理者制度を使って学童保育の運営を民間企業に任せる動きが広がっています。その際、民間の創意工夫に期待するとしています。プロポーザルを経て事業者が選ばれるため、事業者は他者との違いを強調します。通常は市内を複数のブロックに分け、ブロックごとに指定管理者を決めます。そうするとブロックごとで学童保育の内容に差異が生じます。

指定管理者はプロポーザルで提案した学童保育を展開します。行政

は、評価が低い指定管理者は次回のプロポーザルで選ばれないといいます。しかし子どもはどうすればいいのでしょうか。学童保育はよほどのことがない限り、別の小学校区の学童保育を使いません。子どもは複数の学童保育から自分に合った学童保育を選べません。自分の学校で展開される学童保育がニーズに合えばいいですが、そうでない場合は次の指定管理者に代わるまで辛抱するか、学童保育をやめるかしか選択肢がありません。

　企業の業務内容に意見できるのは、職員を除くと株主だけです。一般の市民は、あくまでも市場を通じてしかニーズを伝えることができません。たとえ企業が指定管理者になっても子どもや保護者の意見を聞くような仕組みにしている、というかもしれません。しかし、企業が保護者や子どもの意見を聞くのはあくまでも収益性と矛盾しない範囲であり、他者との競争に負けないためです。

市民ニーズが反映できないのは参加が不十分なため

　公共施設は生活圏との関係で計画的に整備するものであり、気に入らなければ他の生活圏の公共施設を使えばいいとはいきません。公共施設は市場でいう「独占」と近い状況にあります。にもかかわらず、指定管理者に選ばれた企業に市民の意見を聞くように指導するぐらいであれば、最初から行政が市民の意見を聞いて運営すればいいはずです。

　行政が運営しているから市民ニーズが反映できないのではありません。確かに行政は企業と違い、競争で淘汰されません。その代わり、市民のニーズを反映させる参加が保障されています。公共施設の運営に市民ニーズが反映されないのは、行政が運営しているからではなく、参加の仕組みがきちんと機能していないからです。

　参加の仕組みを改善、充実させる責任は行政にあります。この責任

をはたさず、本来持ち込むべきでない市場を導入すると、先に見たような深刻な問題が発生します。公共施設の運営に市民の意見を反映させるために、参加の仕組みをもっと改善すべきです。

注

1 守口市「守口市の市立幼稚園及び市立保育所に係わる再編整備に関する基本計画」2015 年 11 月。

2 交野市「交野市幼児園民営化第 1 回検討委員会資料」2016 年 10 月。

3 文部科学省「幼稚園・保育所等の経営実態調査結果」、発行年は書かれていませんが調査したのは 2013 年 2 月。

4 厚生労働省「平成 27 年賃金構造基本統計調査」。

あとがき

　公共施設がいとも簡単に、次々と消滅しています。しかし、公共施設のあり方はもっと真剣に考えるべきです。最後に、公共施設を考える基本的な視点を５点にまとめておきます。

　①公共施設は市民生活を支える施設であり、今後のあり方は市民的に議論すべき

　公共施設がなければ現代の市民生活は成立しません。そのため市民が税金を出し合い、公共施設を整備しています。全市的な施設は全市的なレベルで、地域レベルの施設はその地域で、徹底した議論を行うべきです。既存施設のあり方を考える場合、耐震改修などを除くと、急いで結論を出す必要は全くありません。公共施設のあり方を市民的に議論するのは、民主主義の根幹であり、行政の責務です。反対を押し切って進めるのがリーダーシップではありません。さまざまな意見を聞き、まとめていくのがリーダーシップです。

　②市民は公共施設の運営に積極的に関わるべき

　公共施設の内容によって市民の関わり方は異なりますが、市民がさまざまな形で公共施設の運営に関わるべきです。公共施設が豊かになれば暮らしも豊かになります。あなた任せにせず、積極的に関わるべきです。市民がその地域の当事者意識を持たなければ、その地域は衰退します。市民が当事者意識を強めるのは、具体的な関わりを通じてです。行政は市民に呼びかけ、市民が運営に参加しやすい仕組みを整え、市民参加を促すべきです。物を作る以上に市民を育てるのが行政の役目です。公共施設は公共サービスの拠点であると同時に、市民が集まり、市民が育つ拠点です。

　③公共施設はまちづくりの一環で考えるべき

「人口減少→公共施設の統廃合」という単純な考えはダメです。「公共施設の統廃合→生活が不便→人口減少」の悪循環に陥るだけです。財政的理由で公共施設を統廃合し、その結果、人口が減って財政的にますます厳しくなれば、何をしているかわかりません。公共施設は使いやすさが重要です。使いやすさはアクセスのしやすさで左右されます。小学校、保育所、幼稚園、高齢者施設、障害者施設、社会教育施設などは日常生活のまとまりを作っています。ここを崩すと、地域での生活のまとまり、コミュニティも崩れます。公共施設のあり方は施設レベルだけで判断するのでなく、地域のまとまり、まちづくりとの関係で考えなければなりません。

④**手を加えながら長く使い続けるべき**

30年から50年で更新しなければならないほど日本の建築技術は低レベルではありません。長年の風雪に耐え、多くの市民が使い続けてきた公共施設は、地域の拠点、シンボルになります。建物を常に新しくすることに価値を見いだすべきではありません。建て替えを急がず、長寿命化を図り、長く使い続けることで、価値を蓄積すべきです。長く人々が使い続けてきた建物、施設の存在が、地域の個性を創り出し、地域の格を高めます。次々と建て替えるのではなく、地域の歴史を形作るような公共施設を目指すべきです。

⑤**全国的な再編の中で地域の公共施設が動いていることを念頭に置くべき**

公共施設の再編は、国土と地域の再編として進んでいます。各地域で公共施設のあり方を議論すると同時に、そのような動きの背後を見なければなりません。新自由主義的な国土と地域の再編、この大本を替える動きと各地域の動きが連動すれば、状況を根本から変えることができます。

あとがき

　公共施設の統廃合が全国的に広がり、それに対する市民の動きも活発になっています。そのような状況を念頭に置いて本書を執筆しました。本書が公共施設の危機的状況の打開に少しでも寄与できれば幸いです。

　本書は前書同様、自治体研究社にお願いしました。担当も同じ寺山浩司さんです。短期間で仕上げられたのは寺山さんのおかげです。ありがとうございました。

2017 年 2 月

中山　徹

著者紹介

中山　徹（なかやま・とおる）
1959 年大阪生まれ、京都大学大学院博士課程修了、工学博士。
現在、奈良女子大学生活環境学部教授。（社）大阪自治体問題研究所理事長。
専門は、都市計画学、自治体政策学。
主な著書
『大阪の緑を考える』東方出版、1994 年
『検証・大阪のプロジェクト』東方出版、1995 年
『行政の不良資産』自治体研究社、1996 年
『公共事業依存国家』自治体研究社、1998 年
『地域経済は再生できるか』新日本出版社、1999 年
『公共事業改革の基本方向』新日本出版社、2001 年
『地域社会と経済の再生』新日本出版社、2004 年
『子育て支援システムと保育所・幼稚園・学童保育』かもがわ出版、2005 年
『人口減少時代のまちづくり』自治体研究社、2010 年
『よくわかる子ども・子育て新システム』かもがわ出版、2010 年
『人口減少と地域の再編』自治体研究社、2016 年

人口減少と公共施設の展望
―― 「公共施設等総合管理計画」への対応

2017 年 2 月 10 日　初版第 1 刷発行

著　者　中山　徹

発行者　福島　　譲

発行所　㈱自治体研究社
　　　　〒162-8512 新宿区矢来町 123 矢来ビル 4F
　　　　TEL：03・3235・5941／FAX 03・3235・5933
　　　　http://www.jichiken.jp/
　　　　E-Mail：info@jichiken.jp

ISBN 978-4-88037-660-8 C0031　　　　　　　印刷／モリモト印刷株式会社

自治体研究社 ───────────────

人口減少と地域の再編
──地方創生・連携中枢都市圏・コンパクトシティ

中山　徹著　定価（本体 1350 円＋税）

地方創生政策の下、47 都道府県が策定した人口ビジョンと総合戦略を分析し、地域再編のキーワードであるコンパクトとネットワークを検証。

地方消滅論・地方創生政策を問う［地域と自治体第37集］

岡田知弘・榊原秀訓・永山利和編著　定価（本体 2700 円＋税）

地方消滅論とそれにつづく地方創生政策は、地域・自治体をどう再編しようとしているのか。その論理と手法の不均衡と矛盾を多角的に分析。

公民館はだれのもの
──住民の学びを通して自治を築く公共空間

長澤成次著　定価（本体 1800 円＋税）

公民館に首長部局移管・指定管理者制度はなじまない。住民を主体とした地域社会教育運動の視点から、あらためて公民館の可能性を考える。

社会保障改革のゆくえを読む
──生活保護、保育、医療・介護、年金、障害者福祉

伊藤周平著　定価（本体 2200 円＋税）

私たちの暮らしはどうなるのか。なし崩し的に削減される社会保障の現状をつぶさに捉えて、暮らしに直結した課題に応える。［現代自治選書］

日本の地方自治 その歴史と未来 ［増補版］

宮本憲一著　定価（本体 2700 円＋税）

明治期から現代までの地方自治史を跡づける。政府と地方自治運動の対抗関係の中で生まれる政策形成の歴史を総合的に描く。［現代自治選書］